我的教育
我的爱

一位齐鲁名师的专业成长之路

郑金丛 著

山东美术出版社·济南

图书在版编目（ＣＩＰ）数据

我的教育我的爱 ： 一位齐鲁名师的专业成长之路 /
郑金丛著． -- 2版． -- 济南 ： 山东美术出版社，2023.3
　ISBN 978-7-5330-9792-9

　Ⅰ．①我… Ⅱ．①郑… Ⅲ．①教育－随笔－中国－文
集 Ⅳ．① G52-53

中国国家版本馆 CIP 数据核字（2023）第 027104 号

责任编辑：徐　璐
装帧设计：胡昱昊

我 的 教 育 我 的 爱 ： 一位齐鲁名师的专业成长之路
WODE JIAOYU WODE AI: YIWEI QILU MINGSHI DE ZHUANYE CHENGZHANG ZHILU

主管单位：山东出版传媒股份有限公司
出版发行：山东美术出版社
　　　　　济南市市中区舜耕路 517 号书苑广场（邮编：250003）
　　　　　http://www.sdmspub.com
　　　　　E-mail:sdmscbs@163.com
　　　　　电话：（0531）82098268　传真：（0531）82066185
　　　　　山东美术出版社发行部
　　　　　济南市市中区舜耕路 517 号书苑广场（邮编：250003）
　　　　　电话：（0531）86193028　86193029
制版印刷：三河市嵩川印刷有限公司
开　　本：787mm×1092mm　1/32
印　　张：7.75
字　　数：120 千
版　　次：2023 年 3 月第 2 版　2023 年 3 月第 1 次印刷
定　　价：32.00 元

目　录

第二辑 我的学生我的梦

第三辑 我的成长我的责任

第四辑 待到山花烂漫时

自序

不负胜景，教育沃野爱如花

我一直深爱着这个美好的世界。

"几处早莺争暖树，谁家新燕啄春泥。乱花渐欲迷人眼，浅草才能没马蹄。"壮丽自然，风景万端。美不胜收、生生不息的自然景观不容辜负。单说华夏大地，"中国一点都不能少，中国一点都不能少看"，这句话让自己久久回味。好在，东风解意，胜景来年还有待。但教育的胜景会有往复吗？绝对不会的。在懒人的逻辑中，一辈子都唱着"明日歌"，做着"守株待兔"梦，把不可多得不可复制绝无仅有的教育盛遇，把一个个专门为这一刻的生命奇观而"私人订制"的教育胜景一一错过，空空而休，徒手而散。我坚决不做这样的懒人，十分反对只做庸庸碌碌的教书匠。

自己的教育信条是什么？一路走来，我将哪些迷人景色留在了白纸黑字的沃野？此时，我思绪泉涌；这里，让瞬间永恒。

教育耕耘贵有心

自己给自己的定位不是懒人，但也不是顶尖的勤人，而是教育智慧统领下的有心人。几十年，日日复。若教育者的心是空洞的、眼是茫然的，教育生活该是多么乏味、枯寂、无聊，乃至苦不堪言。

有心，才会发掘平淡中的灵性，让教师和学生生命的智慧焕发夺目的光彩；有心，才能感受寒冬中的温热，让心灵抚慰、血脉交融的深情从内向外汩汩荡漾；有心，才会传递光芒四射的能量，让幼小和童真的脸庞身姿尽享明亮绚烂的精神照耀；有心，才能在字若星辰的积累中沙滩拾贝、野径采芳，留得珍珠熠熠生辉，赢取繁花七彩锦绣。

"天下难事，必作于易；天下大事，必作于细。""合抱之木，生于毫末；九层之台，起于累土。"贵在有心，贵在守恒，贵在不辞细流不拒跬步，一路孕育，一路播撒，一路捡拾，一路丰美。

花语花容情悠长

爱花，是女人的天性。自己作为平凡女子更不例外。欣赏花、拍摄花、分享花、收藏花，成了微信时代自己的一个兴趣爱好。春拍桃李，夏拍兰荷，秋拍菊桂。傍晚时分最有兴致，若遇上好的花期又来了瘾头就差"凿壁偷光"了。此时才真正理解了苏轼"只恐夜深花睡去，故烧高烛照红妆"的心地。居家和办公室里都少不了花草。几年前，一群已小学毕业22年的孩子送给我的满天星，我做成干花至今傲然于偌大的花瓶之中。看到，就会忆起那份浓浓的情义和那首发自肺腑的小诗，微信默传，岁月为鉴——

师生情，贵久远。当老师成为学生的幸运，当学生成为老师的骄傲。这是人生何等壮美的际遇，欢畅的华章。只是这款款温情的感觉有时伴人朝夕，有时随你入梦，有时姗姗而至……总归，一切的美好与岁月同歌，源自生生不息的力量！

生机勃勃玲珑妆，紫气东来漫厅堂。

仙丽高雅秀柔美，星星点点吐清芳。

在教师的教育生涯中，绝对是不乏花儿的。或娇美可人，或淡雅朴素；或一枝独秀，或蓬蓬簇簇；或热烈繁华，或含苞欲放。只是，往往我们缺乏发现美的眼睛，或者没有足够懂得花语花情的慧心，又或许没有静待花开的耐性。孩子们的生命如花般美好，童心童趣如花般绚烂，师生之间的过往如花般富有诗意，碰撞的故事如花般撩动人心。只有像爱护自己孩子一样用真心真情爱花的人，才懂得其间尽善尽美的景致和奶语细声浓淡交错的独特表达。

故事百转爱作魂

没有爱，就没有倾听花开的妙遇；没有爱，就没有描摹故事的激情；没有爱，就没有岁月流韵的歌唱。是爱，让教育者的日子红红火火滋味儿倍儿爽；是爱，让孩子们的花样年华多了无限超越今朝驶向远方的顽强；是爱，让课堂不再沉闷而生机勃发趣味盈荡；是爱，让老师、孩子和爸爸妈妈的心相通劲道完全同向。

是故事，在讲述温暖，讲述成长，讲述昨天的蹒跚脚步以及明天的目标理想。有故事，才有使不完的劲，才有坚守初心胸怀辽远冲刺未来的使命担当和豪情万丈。故事，在教师、学生和家长中生长、述说、感染和激励。

只因为充满爱的故事在心间传唱，正向的能量源泉才永不枯竭、战胜一切、超越每天、创造奇迹。没有爱，就没有教育的一切。生发在教育天地的爱，是多么奇妙；生长在师生之间的故事，是多么悠长。

自带光芒照无疆

我愿一生正向，我愿盈发能量，我愿灵魂生香，我愿自带光芒。把我照亮，把你照亮，把日子照亮，把未来照亮。

这是自己心灵深处孕育生长出的文字，也是自己努力践行的生命轨迹。有能力爱自己，才有余力爱别人。情绪可以传染，真爱必将传递，能量都会播撒，光芒用以照耀。我不会做蜡烛那样"照亮别人毁灭自己"的傻瓜，那绝对不是人民教师应有的智慧。我也不会上演春蚕般"温暖别人葬送自己"的悲剧，那也绝对不是教书育人该得的归宿。我在照亮别人的同时，自己周身通明；我在温暖别人的同时，自己热潮澎湃。向善者自福，爱出者爱返。我在付出的同时，我的收获无比地饱满丰肥。

所以我也一直用心爱着自己，爱的积蓄会让自己足够强大和阳光。爱自己就会不断装备自己，内涵的提升，外表的装扮，每天以崭新的自我出现在学生的视线、同仁的身旁。内外兼修润桃李，不虚此生教育行。爱自己就要和家人互相抱团取暖，扮好各种亲情角色，努力让自己充盈母性应有的温存和独特的光辉。唯此方能赢得支持、初心永向、轻松上阵、愉快挑战、博得喝彩，才会有一个又一个的战果辉煌。爱自己的教育智慧，高效运作由此而生，业余时间由此而多，心灵领地由此而广阔平整，任思想驰骋任信念翱翔。爱自己的专业成长，"做个好老师"是自己笃定的初心和目标——有业绩，用闪光的脚印和进步的标志来证明自己的"成长度"；

有口碑，用学生、家长、领导同仁的赞誉来诠释众人对我的"认同度"；有良好的成功体验，我要最大限度地找寻和放大专业生活的"幸福度"。这成长度、认同度、幸福度"三维"目标的达成度，就是自己成功度的全部内涵。唯有这样爱自己，我才有资格、有能力，让我教育生命所礼遇的每一个孩子尽尝知识的甘醇，尽染做人的良知，尽发创造的萌芽，尽享成长的喜悦，在人性光辉的沐浴下春苗茁壮、幸福洋溢。"既教人聪慧，又教人高尚"，这是我努力用强壮的双肩挑起的两大使命。

手笔耧犁墨香远

第一次发表文字是 1999 年 5 月，是从语文教学转为数学教学只有一年多的样子，新鲜中的探索充满激情，于是突发灵感写下了《教师课堂语言的"六性"》。用格子稿纸工工整整抄写，邮寄。惊喜的是，4 月份投出去的稿子，5 月就被《小学教学研究》（江西教育出版社）刊发了。收到样书，拿到稿费，真正是喜出望外。一遍遍再读自己的文字，心花怒放，顿觉墨香是这个世界上最沁人心脾的奇香。

发稿最多的是《广饶教育》。经常收到主编或编者的热情约稿，虽然繁忙的教学与管理工作纵横交错，恨不得有分身之术，恨不得把分分秒秒掰开来用，是绝不容许心有旁骛的。但依然很是开心，欣然应稿。若日常沉淀积累的恰好符合刊物需要，那是再好不过的。但时常没有那么轻松。其间无论多么艰难，当看到自己的名字和文章跃然纸上的那一刹那，所有的苦累烟消云散，取而代之的依然是墨香的无限诱惑。也经常主动投稿，论文、课堂实录、教育案例、教学反思、教育随笔……《广饶教育》为我们开辟提供了很好的交流平台。后来发现，从《广饶教育》创刊号到最后一期，许多期的目录中都有自己的名字，内心欢喜窃语：我快成了《广饶教育》的追随者和收藏者了。

最长久等待的发稿是在《山东教育》。稿件基础是一学期的积累，每周一篇。期末的教学反思评比活动是我作为教导处主任组织的，隐去姓名呈现编号给评委。一位很认真的年轻教师拿着我的稿子对我说："你看这个，怎么写得这么长？"我心领神会，她的意思是怀疑"抄袭"。我没有作答只是淡淡一笑。这篇题为《采摘评价改革中几朵娇艳的小花》的随笔，从2008年7月投稿到2009年12月发表历时一年半之久。得到刊发的通知，恍然如梦，因为这件事我早就忘掉了。面对影响力颇大的《山东教育》，嗅着新刊的别样墨香，会心而笑。

最幸运的发表是《小学青年教师》（河南教育报刊社，2003.4）刊登的《一堂没有结束的实践活动课》。全国课程改革研讨会在珠海召开，个人材料有幸进行会议交流。恰好这篇稿子被刊物的编辑发现并中意，会后不久就发稿了。

最骄傲的发表是《创新教育》（山东教育出版社，2008.2）刊登的《用"距离"意识反思教师的人文情怀》。自己文章的题目竟在封面上展现，是为数不多的1/8，是自己至今绝无仅有的一次。

最感恩的发表是《中小学教师培训》（全国中文核心期刊，2010.8）

刊登的《论和谐高效教学的行为表征》。感恩东营市教科院季俊昌主任高屋建瓴的指导、修润和举荐，文稿才有了沉甸甸的分量。此次刊发成了自己心中特别的温暖和骄傲。

……

"文章合为时而著，歌诗合为事而作。"这是古训，是历代文人富有历史使命感的一种集中概括。而对于新时代的教育工作者，我从中体悟到的是：无论撰文还是作诗，其前提一定是——时刻关注时代潮流，时刻关切现实社会的脉搏，永葆改造世界、促进社会进步的责任感和使命感。秉持"为时而著"之心，耕耘"为事而作"之文。只有倾听时代教育的足音，呼吸时代教育的空气，把握时代教育的方向，让自己的心合着时代的节奏一起跳动，才能在感悟时代、体验时代、奉献时代的节奏中，呈现出优秀的专业文品。立足育人实践，注重岁月积累，为时代教育而挥毫泼墨、展喉高歌，这亦是我的责任和使命。

此生之幸为师长

笔尖流韵之间，此刻我又陷入了深深的反思。会觉得语汇干瘪，是因为日常读书还不够海量广博；常发现思路局促，是因为见识阅历还不够宽大丰富；脑筋中一直回旋的那个孩子、那个故事、那个课堂、那个瞬间却一直没有落在纸上，是因为自己的惰性作怪。结这个集子，很大成分上也是迫使自己再读书博览、再深思反观、再强劲笔力，厚积薄发、笔墨生花，让勤耕细作的节奏充盈教育生活的时空，让鲜活的过往一一再现。

记得阅读并分享"人民教育"微信公众平台作品《年度盘点教师幸福瞬间》时，仿佛这些文字记载的就是自己亲历的一个个场景。于是，我的微信朋友圈有了这样一条信息——

　　一个个幸福瞬间，似曾昨天。这些出自名师、优秀教师的动情小作，让人由衷而语：这辈子，做个爱满心头、情动晨夕的老师，足矣！

"双手栽种如意树，双脚踩出流金路。"这是自己微信中的言语。即使在秋末冬初，寒意袭人、万象凋零、繁色尽褪、物华皆休，望着柿子果俏丽枝头、银杏叶铺满大地，自己的内心依然是教育人的四季如春、景象绵长。

是的，今生不悔为人师，来世还做教育人。"春风大雅能容物，秋水文章不染尘。"我爱的教育，我爱的课堂，我爱的学生，我爱的生活……胜景不却，真爱如花。潇潇洒洒，我来了！

郑金丛
2021 年春天

第一辑　我的教育我的爱

　　爱是教育的灵魂，爱是生命的甘霖。

　　教育是生命对生命的反复唤醒，教育的使命是赋予生命健康、幸福和温暖，是向上的力量。

　　教育是心灵与心灵的微妙接触，教育在人的心灵中播种的是真情、善良和光明。

1

教师的"大爱"

有一种爱，是教师的"大爱"。

关于"大爱"。曾读过《人民教育》的一篇文章《让大爱温润课堂》，久久不忘。作者借用小学语文课堂教学的两个案例发表感慨："爱——爱亲人，爱周围的人，爱千万里之外与自己没有关系的人。这是一种富有时代气息的大爱。"这里倡导的是一种博爱，一种横向的广博。大爱的主体是学生，大爱的对象是人民。

我的"大爱"。多年来，教师的社会责任感驱使自己一直在思考：怎样的教育方为"和谐"的教育？读了周弘老师的《赏识教育》，我终于找到了答案："教育的最高境界，是让孩子与自身的生命和谐，与周围人的生命和谐，与大自然万物和谐。"于是，在大量实践经验积淀中，我站在关注学生后继发展和终身发展的高度总结出了自己的"大爱"育人理论，创造了具有个人风格的"大爱"温润的和谐教育观——放眼生命长路，不计一时得失；放大孩子优点，悦纳他们不足；生命需要营养，香甜苦辣俱全。这里大爱的主体是教师，大爱的对象是学生。我想，只有这样的"大爱"，才能引发学生的心灵之光，点燃孩子的智慧之火，照亮他们的生命之路。

一、放眼生命长路，不计一时得失

我们的爱应该是为了学生未来发展的爱，也就是为了祖国未来命运的爱。

华夏儿女的百年"诺贝尔"情结让我难以释怀，对于孩子的无限潜力和创造空间，是保护还是打击，是激发还是泯灭，是养育还是扼杀……我的责任和使命是什么？我记起了教育家 B·普科尼科娃的话："教师联结着过去、现在与未来，是未来的全权大使。"我常常这样想：如果有一天我发现一个或几个孩子对数学失去兴趣，我会难过得流泪，为自己教育的失败，更为孩子现在的不快乐和未来发展中数学教育的缺憾。

关注孩子未来的发展而不是今天任何的个人功利；为他们一生着想，一心只为促进每一个孩子当下及后续成长，看淡眼下的考试、评比、考核、晋级、评优等所带给个人的影响。爱之无私久远谓之"大爱"。

"非淡泊无以明志，非宁静无以致远。"事实上，教师越是淡定平和，越是襟怀坦荡，教育的效果越理想。当我们的人文关怀传递到孩子们心灵深处，他们会给予我们一个个近乎神奇的惊喜。正所谓"功利性越弱，教育性越强，离成功越近"。

二、放大孩子优点，悦纳他们不足

如古语所云："物之不齐，物之情也。"世界上没有两朵完全相同的花，春天的花海因多姿多彩而斑斓绚丽；世界上没有两片完全相同的叶子，四季的韵律因仪态万千而秀美壮观；世界上没有两个完全一样的孩子，社会的景观因人本多元而生动传情。我们应该爱每一个孩子，尊重每一个孩子的每一种生命状态。

对于我们教师来说，"放大优点"容易而"悦纳不足"难。我常常用这样包含人生哲理的三句话来审视自己的教育行为：有胆量改变可以改变的事情；有肚量容忍不能改变的事情；有智慧区分以上两类事情。

我们要怎样悦纳孩子的不足呢？其一，要把孩子看作成长中的孩子而不是成年的大人；其二，要把孩子看作有缺陷的人而不是完美的雕像。面对几十个千姿百态的生命，我这样想：每个人都是上帝咬过的苹果，都有缺陷。只不过有的苹果过于香甜，上帝就多咬了一口，因而缺陷会多一点点。缺点是一种恩惠。孩子的不完美才会促使他在奋争中成长和发展，人类的不满足是人类追求进步的源泉。

"爱自己的孩子是人，爱别人的孩子是神。"我们教师就应具有"神"的境界，拥有海纳百川之胸襟。爱每一个孩子，爱他们的优点乃至缺憾，尊重每一个孩子的每一种生命状态。爱之包容宽泛谓之"大爱"。

"爱出者爱返"，当我们给孩子一道暖阳，孩子们会还我们一个明媚的春天。

三、生命需要养料，香甜苦辣俱全

每个人都有两个生命，即生理的生命和精神的生命。就每个孩子的精神生命而言，他们仿佛是为了得到心灵的全面营养而来到人间的。心灵的营养比生理的营养更重要，我能给予孩子们的"心灵营养配方"就是"大爱"的温润。例如：鼓励和欣赏；适当的批评与巧妙的惩罚；心灵的自由舒展，心态的和谐美好；读书的滋养；榜样的引领……

人民教育家陶行知总结出人有 4 种：人下人，是你好我不好，活得太无聊；人上人，是我好你不好，未来也不妙；人外人，是我不好你也不好，整个世界乱糟糟；人中人，是你好我好大家好，这个世界才美好。

显然，前 3 种人都不好。教育是要培养孩子做和谐、舒展、快乐、成功的"人中人"。

只有能够得到全面营养的孩子才会成为"人中人"，他们每个生命像黄山上的松树，各有所长，彼此不同，展现生命奇观。他们失败了不会压抑，成功了不会膨胀，懂得人生的智慧，成长的每一天都充满了幸福感。

教师智慧的爱就这样做到宽严有度，爱而不宠，理性地为每个孩子的健康成长配置均衡的精神养料，巧妙配方、有机调理。爱之理性适度谓之

"大爱"。

只有刚柔有度，严慈有爱，方能点亮心灯，启航未来。

冰心说，有了爱就有了一切。而在我心里，有了爱才有教育的一切。爱是教育的灵魂，是宽容的母亲，是生命的甘霖，是人性的基石，是道德的起点。"大学之大不在大楼，在于大师；教师要把学生头脑中的火种点燃，不只需要技巧，更需要大爱。"我们中小学基础教育又何尝不是如此？大爱是对人世深切的感悟，是对人生无限的眷念，是对一切生命深深的同情。只有这样的"大爱"，才能唤醒蒙昧的灵魂，才能让心灵沐浴到人性的光辉，才能让家庭和学校充满高贵的气息。教师机智、宽容和博大的爱，不仅让孩子们享受到成长的快乐，感悟到生活的责任，而且会成为他们热爱生命、天天向上的不竭动力。

是的，背上爱的行囊，向着爱的远方。几十年一路走来，爱的教育思想伴随自己的教育行动，渗透到每一个教育行为教育细节。唯此才有了一路耕耘一路收获，一路奋发一路欢歌，一路风霜一路鲜花。顾盼之间，发觉自己充满教育智慧的思想理念真的无愧"大爱"之说。

让我们的每一位教师"在爱的快乐中成长着"，让我们的每一个孩子"在爱的快乐中成长着"。这是我们神圣事业的美丽归宿。

2

用"距离"意识反思教师的人文情怀

在 2007 年岁尾的最后两天，我读完了一本书《16 位教育家的智慧档案》，心灵受到深深的震撼。魏书生的"我总是与学生商量着怎么学，怎么教"，李希贵的"只有当学校有自主发展的空间了，学生才能够自由呼吸"，李镇西的"我们的教育一定要走进学生的心灵，在民主中学会民主"，顾泠沅的"只有能让学生聪明起来的教育才是真正的教育"，杨瑞清的"教育要指向孩子一生的幸福"……每一位教育家的智慧档案里边，无不闪耀着人文关怀的光辉。

我陷入了对"人文"的研读和思考。我的理解是："人文"即重视人的文化，其核心是"以人为本"，其集中体现是重视人、尊重人、关心人和爱护人。这也就是我们常常说的人类关怀、生命关爱。人是衡量一切的尺度，在人世间的各种权利中，只有人权是天赋的，生来具有的，不可剥夺的，也是不可代替的。我们必须承认每个人的价值，尊重每个人的利益，包括物质的利益和精神的利益。总之，要重视、尊重、关心和爱护"每一个人"。

教师的人文素养应该表现在日常教学和管理活动中，表现于对全体学生的尊重和对每一个生命成长的关心。教师教书育人的强烈责任感和历史使命感应表现在每一个教育细节中，表现在具体的教育教学行为中。

回顾自己的教育历程，环视周围的育人世界，我深深反思。

一、我们的心灵是否与学生的心灵"零距离"?

◇案例：我们必须要求家长为孩子签字吗?

有一天早晨，在校门口碰上去年教过的学生小新(化名)，她一边用哀求的目光看着我，一边从书包里掏纸和笔，意想不到的声音传入我的耳际："老师，您帮我签个条吧，我确实听了英语录音。"我愕然。一个几乎是品学兼优的孩子怎么会提出这样过分的要求? 凭着教师的职业天性，我只能这样说："我没见证你是否听了录音，怎么能写假话蒙混英语老师呢? 今后要养成好习惯，真听了就记住让家长签字。这次忘了签，就得接受老师的批评。"孩子无奈地走向教室，我的心绪却久久不能平静。后来，我了解到：小新同学的爸爸妈妈都在乡镇工作，不是每个晚上都能在家陪孩子的。家长无规律的工作时间和频繁的应酬带给孩子的是常常带着遗憾孤独地进入梦乡。"家长签字"，便成了小新同学难以完成的家庭作业。

回想起同事们对"家长签字"问题的抱怨：有的孩子竟然花钱请小卖部的老板娘签字；有的孩子央求开校车的司机叔叔签字；布置考试卷让家长签字，那是永远都不会收齐的……多少荒唐，多少烦恼! 难道我们别无良策吗?

我们何不走进学生的心灵聆听生命的诉说：或许有些孩子的家长确实没有给孩子签字的条件；或许个别孩子没有父母双全的幸福家庭；或许他唯一依赖的奶奶根本不认字更不会写字；或许他今天的考分真的难以面对家长，怕挨揍，或者怕伤了自尊，而他的的确确想用行动改变现状……更何况有相当一部分"家长已阅""某某读课文5遍"之类的签字带有一定的"水分"呢?

为什么要求孩子人人都得签字呢?我们何不这样做:

——"回家听课文录音,自己决定听的时间和次数,下一节课一开始老师要用3分钟进行小测验。"

——"考试成绩理想的同学,可以把试卷带回家,让爸爸妈妈与你分享成功的喜悦;这次没努力的和没发挥好的同学,准备下次再向家长汇报。"

——当学生对考试有足够的重视,但有时压力会带来过度的紧张,结果事与愿违的时候,我们为调整学生考试的积极健康心态,下面的心灵沟通不比"家长签字"更直入血脉、更效力十足吗?"丢掉的那2分比你一整天的快乐更重要吗?""别把100分当作你快乐的全部,天才也不能天天考100分。""人生要经过无数次的考试,但最关键的只有几次。今天你考砸了会对你的命运有什么影响吗?""保持良好的心态,使自己全面而和谐地发展,比多少个100分都重要。不过老师相信'100分'应该属于你!"

当我们与学生心无隔阂、心灵相通、心心相印、心有灵犀,那便是师生心灵的"零距离"。因为心灵的沟通、精神的相遇、思想的碰撞,是人类希望的教育、理想的教育和超越的教育。教师只有走进儿童的心灵世界,才能倾听儿童、理解儿童、尊重儿童、关爱儿童,师生才能一起进入彼此接纳、相互温暖、共同创造的幸福时空。

心与学生"零距离",多么和谐的育人境界!

二、我们的身体是否与学生的身体"等距离"?

◇案例:这样任命班干部,公平吗?

一个上高二的大男孩，得到了班主任老师的重用和全班同学的信任，当上了光荣的生活委员。他的职责之一是，每天给同学的饭卡充值。于是，他被特许可以不做课间操。他这样描述自己的工作："我有时会手握上千元，急匆匆赶去排队。由于教室到总务处的距离太远，排队的人又太多，所以我几乎每天耽误10分钟的课。但是，除了我，谁能胜任这个差事呢？"我的心在疼，心疼孩子的辛苦，更心疼每天那宝贵的10分钟。假如说，这是很好的锻炼，那应该让更多的孩子得到锻炼；假如说，为同学服务很光荣，那应该让更多的孩子得到光荣；假如说，"牺牲"一个幸福大家，那应该让更多的孩子"牺牲"一下，也让这一个孩子幸福一下。当然，这个聪明的大男孩后来进行了改革：只在每周一为同学们充饭卡，哪怕付出了"班干部评优得票少"的代价。

我联想到了下面的现象：有个优秀的孩子，小学阶段一直当班长，每天也只干一件事，那就是每节课用"起立"声迎接前来上课的老师。这个徒有虚名的班长对她本人公平吗？不费吹灰之力的优越感制约了孩子的发展。这样的"世袭"任用对其他学生公平吗？这样的班长人人可以当，为什么别人当不上？本可及却遥不可及的"殊荣"使大家丧失了斗志。

我们再来扪心自问：当我们为学生安排座次的时候，我们没有任何的偏心吗？当我们面对领导的孩子、同事的孩子等"关系户"的时候，我们也没有任何的私心杂念吗？当一个尖子生和一个学困生犯有同样过错的时候，你处理起来能一视同仁、一碗水端平吗？

教师应做到对学生爱而不宠、宽严有度，把美德和知识的甘露公平地洒向每个学生。第一，对待学生，要力戒认知偏见，避免感情用事。第二，教师要为学生创设一个公平的氛围，努力营造积极健康的舆论导向，培养奋发向上的班集体精神，让每个学生都有锻炼和展示自己才能的机会，也能感受到自己的不足。第三，在平时的日常教育、教学活动中，应该兼顾不同层次的学生，切忌只把目光盯在几个尖子学生身上。要让全体学生在付出一定的努力后，都能实现自己的目标，获得成功的喜悦。

当我们的教育行为很公平地指向任何一个孩子的时候，我们方能坦然地说：我与每一个孩子等距离。

与每个孩子"等距离"，多么无私的育人境界！

三、我们的思想是否与学生的思想"近距离"？

◇案例：孩子们的投票有效吗？

星期五下午放学后，女孩刘雪飞（化名）走进了我的办公室。她把自己内心的疑惑与痛苦娓娓道来："我们班分到1个县优秀班干部的表彰名额，这个消息使我非常高兴，因为我是中队长，说不定能选上呢！后来，班主任组织我们全班同学投票，结果我得了35票，是最多的。我想，这个名额肯定是我的了。但让我不理解的是，班主任齐老师把名额给了只得了18票的班长杨丽鹃（化名）。我回到家扑在妈妈怀里大哭了一场，现在一星期过去了，我每次想起来都很难过。郑老师，您帮我分析分析这件事。"

我看到了孩子强忍泪花的眼睛，我也强忍住了从颤抖的心底流淌出的泪水。记得我是这样与孩子交流的："第一，齐老师这种做法是不够妥当的。原因就是他不知道老师心目中的优秀班干部和同学们心目中的优秀班干部是不一致的，他认为你们一定能投票选出他想要的那一个。第二，最后把名额给杨丽鹃是合适的。因为优秀班干部不同于三好学生，三好学生主要看自己的全面发展，而优秀班干部主要看他为班级、为大家所做的事情，看他的服务态度、水平和效果怎样。你跟杨丽鹃相比，显然她更符合优秀班干部的标准。第三，我希望你和你的爸爸妈妈能原谅齐老师，因为他才刚刚走上教师岗位，缺乏经验，但他也有很多地方做得很棒的。"

刘雪飞的神情舒展开来，并不住地点头表示赞同我的观点。我接着说："再说，我们班上这些同学第一次参加投票选举活动，心里都不知道用什么标准来衡量，不太会选。"刘雪飞马上插话："就是都不会，谁的人缘好就都选谁。"我顺水推舟："看来你在团结同学方面做得很好，学习又非常出色，还有很多很多的优点。老师的建议是，在自己各方面做好的同时，多为班级、为同学做些事情，能成为老师的小助手就更 OK 了！"至此，孩子几乎是眉开眼笑地跟我"再见"。

同样，当收到李明杰（化名）的新年贺卡，我郑重地对他说："你的贺卡老师收到了，非常漂亮，我很喜欢，谢谢你！老师也祝你新年快乐！"三言两语，却能使孩子被满足笼罩，课堂上从未有过的积极。孩子的心意是至高无上的，哪怕你确实感到"不屑"或者"小儿科"，你也得站在孩童思想的高度，去体味和回馈孩子童真的可爱和无瑕的美丽。

贴近学生的思想、贴近学生的情感、贴近学生的实际，让孩子的思想撞击我们为师的思想，让孩子的智慧启迪我们为师的智慧。只有对孩子灵魂的近距离触摸，才能让每一个幼小的鲜活的生命沐浴人文的温暖和圣洁。

赢在思想的"近距离"，多么幸福的育人境界！

显然，学生是教师水乳交融的"命运共同体"，当教师选择了人文，选择了贴心，就选择了未来的收获。

我很欣赏这样一句话，"最成功的教育往往是最无痕的教育"。它的基础是，在教师不折不扣的人文思想引领下，师生之间充盈浓郁的人文气息，学生每天在人文光辉沐浴下健康快乐地成长。

教师的人文情怀，就是这样具体、真实。

3

专业生活的味道
——感悟于南师大高级研修班

题记——

南京十三中特级教师曹勇军在题为《审视我们的专业生活与专业发展》的报告中指出："教师的专业生活就是教师的'研究性学习'，因为教师不是专家，而应是有思想的实践家！"回顾自己几十年的专业生活，也的确在"读书、教书、再读书、再教书，实践、反思、再实践、再反思"的无数轮回中，酣畅淋漓地享受到了其中的甘甜与酸涩、醇香与寡味、浓烈与恬淡，真可谓百味回肠、耐得咀嚼、余香缭绕。

一味曰：初生牛犊之兴冲冲美滋滋

广饶师范毕业前夕，我很荣幸地留在广饶师范附小（后更名为"广饶县第一实验小学"）实习，后来该校又成了自己任职的第一所学校，而且是以优异的实习成绩被校长挑中点名录用的，所以有一种莫名的优越感伴随着自己初为人师的每一天。

记得自己的第一个专业生活岗位是一年级语文教师。进行完入学教育，便是拼音教学，第一堂的学习任务是学习单韵母"a"。离上课还有5分钟，有心的校长提着凳子进了我的教室，并且用极常规的语气告诉我他常规的听课习惯：随机听课，不打招呼。我心里一阵短暂的慌乱，但马上镇定感悟：我是校长心照不宣的重点栽培小苗，一定要发挥出最佳水平；况且，我在备课上狠下了一番功夫，早已成竹在胸，又加上一个月的实习"经验"和近几天的课堂体验，对这堂课的把握便十之八九。果然，课后校长的评课是赞赏有加，自己心里当然是"美滋滋"加"兴冲冲"。后来才慢慢品味到那主要是校长激励为主的管理策略和培养新人的人文艺术。

拼音教学刚刚结束，对语文教学的兴趣也日渐浓厚，突然校长找我谈话，大致意思是：音乐教师调走了，你是接手音乐教学的最佳人选。我除了接受，没有别的选择。第一堂音乐课，正赶上学校组织"人人一节公开课"研讨活动，我执教的是二年级的唱歌教学《好孩子要诚实》。校长和许多老师都来听课，这回我听到的是间接转述校长的评价：论音乐的专业性，小郑比不上原来的音乐教师，但要说课堂的综合素质和育人效果，小郑绝对更胜几筹。间接表扬的力量更为强大，我从此潜心音乐教学。

当时全校 12 个班，我这个"赶鸭子上架"的也是唯一专职的音乐教师每周 24 节课。另外庆"六一"、过元旦、慰问老人等排演节目，教师节、欢送新兵等献词，也全部包揽。脚踏风琴、手风琴、扬琴等学校里有的各种乐器都强迫自己学会了。后来，我能有幸代表东营市参加全国少先队辅导员技能技巧大赛荣获"能手奖"，也得益于这段音乐生涯的锻炼，因为当时是舞蹈、声乐、器乐、美工、演讲、主持等 6 项全能比赛。

1986 年秋天，已有两年教龄的年轻的我，生活在只有 5 年建校史的年轻的广饶县第一实验小学，伴随着年轻的东营市一同成长。就在这个秋天，我又回到了梦寐以求的语文教学岗位，并取得了第一个标志着自己专业成长迈出可喜一步的成绩：东营市首届小学语文优质观摩课比赛一等奖。1989 年 5 月，取得了东营市青年教师基本功大奖赛（作课、论文、笔试 3 项综合赛）一等奖第一名的好成绩。

回味良久，重新认识自己、辨析自己、审视自己，发现有两个专业生活特点与秉性是值得发扬光大的：一个是一种永不服输的进取意识，哪怕是再大的困难再陌生的领域也敢于探索并努力争先创优；一个是从不模仿任何人的标新立异的创造精神，哪怕是再有名的特级教师、教育专家，他的经验和案例在我的教学实践中也要在博采众长中结合自身实际客观冷静地进行参考，绝对不跟任何人雷同。当年那种"初生牛犊不怕虎"的热情、闯性，着实是"让青春在三尺讲台上闪光"（《东营日报》对自己的专题报道题目）的豪情壮志、甘美畅快！

二味曰：姜还是老的辣

记得刚参加工作的那几年，在学校浓厚的教研氛围中，爱学习的自己经常挤时间听老教师的课，其中闫老师的古诗教学给自己深深的震撼。就那么4行小诗，在闫老师的课堂上，演绎得是如此高潮迭起、不落俗套。教师的教和学生的学融为一体，教学策略、学习方式、学生情感、教学效果，让人无可挑剔，感觉尽善尽美。原来，教学艺术是如此神奇，让知识鲜活跃然，让课堂生动蓬勃，让生命丰盈灵动。

参加工作当年，与自己教平行班的是张老师，每次单元检测后，我都悄悄地进行教学成绩的比较。虽然张老师只比自己早工作两年，平时看起来不慌不忙，但每次的差距都会让我倍感挫败。备课上，我没少下功夫；课堂上也格外用心；个别辅导也做了一些；进她的课堂听课，听得多了自己都不好意思，因此我便经常在张老师教室的窗外聆听……问题到底出在哪里？后来，比自己晚入校的老师几乎都在重复我的这段心路历程。我慢慢明白过来，经验和履历是多么重要，"实践出真知"是任何方式都不能取代的；但是，实践必须伴随思考和研究来进行，否则永远都只是低水平的教书匠。再后来，我创造出了个人年度考核10年中7个优秀的辉煌，教育教学质量有了极大提高。这当然是自己这块"嫩姜"不断变成"老姜"的小小"辣味"。

蔡老师连续5年荣获东营市优质课比赛一等奖第一名的"五连冠"奇迹，李老师高超的班级管理水平与家长会的热烈场面……老教师身上有多少宝贵的经验、智慧、资源等是我学之不尽的呀！"姜还是老的辣"，自己心服口服。

三味曰：香甜苦辣都有营养

◇纪律——年轻教师成长的保障

1984年秋天，初为人师的我还经常想家，一次回家的经历让我终生难忘。当时每周只休息礼拜天一天。周六傍晚下班后赶回80里外的乡下老家，周日下午再赶回学校，这似乎是固定的模式。可这次很不凑巧，周日午后突然下起了瓢泼大雨。落后的农村老家，没有电话请假，通往车站的12华里全是泥泞的土路。不能按时返校、无故迟到已成为定局。当周一赶早车到岗，校园里早已是书声琅琅。硬着头皮去见校长，一向很赏识我的老校长一改往日的慈祥，他严厉地批评道："刚参加工作，正是你打基础的关键时期，不管什么原因，上班迟到、给学生误课都是严重的违纪行为。这样的事情在我们学校很少发生，我希望发生在你身上这是第一次也是最后一次。"幼稚的我当时还辩解："老天突然下雨那是没办法的事。"经验丰富、有备而来的校长马上"回敬"道："如果你上午不下雨的时候提前回来，不就行了吗？"我无言以对，低头认错。

打那以后，我时刻把校长的教诲牢记心头。始终如一，风雨无阻，没有迟到、早退过一次。学校、教室、学生都对我产生了强大的吸引力，直到上产床前2个小时，我依然拖着笨重的身子站在心爱的讲台上，活跃在学生中间。

◇宽容——再次起航的港湾

1986年春天，东营市"中小学语文教研会理事扩大会观摩课竞赛"活动在我们学校举行。我当时执教的是二年级说话课《小鸡和小鸭》，自己的讲台风格、学生的课堂表现都是很不错的，评委也打出了最高分。但我最大的遗憾是"最出色的一位女同学没来得及作画龙点睛的发言，就匆匆下课了。"当我把这一想法向副校长诉说时，她不无关爱地说："你这个小老师，带着一帮七八岁的小孩子，能发挥到这种水平，已经很好了！最后那个小胖子说得不是很精彩吗？没有人感觉到后面还有更好的来不及亮相。再说，课堂教学是一门遗憾的艺术，有了遗憾才会有改进和提高的空间和动力。"一番话说得我心里暖融融的。宽容、激励和无限的期待尽在其中。之后，自己的教育理念在学习与实践中不断更新，反而觉得：课堂上让薄弱一点的学生展示，比让最优秀的学生展示不知要高明多少倍。

也的确，多年来，音乐课、语文课、品德课、数学课、公开课、精品课、优质课、电教课、研究课、参赛课，已数不清多少次"千锤百炼"后的课堂展示，却没有一堂课尽善尽美。在经验和教训的积累中，我却不断走向成熟。宽容的老校长的话也几乎成了真理。

◇压力——创造力的源泉

1986年秋天，由于工作的需要，我再次由教音乐课改教语文课，不太擅长音乐的我喜不自禁。可刚接班一个月，当时的教导主任通知我：学校工作的需要，再改教音乐课。20岁的我当场就哭起了鼻涕，现在想来有些好笑。但是，主任传达校委会的决定，没有任何妥协的余地，我只好接受。几天之后，主任又用很温和的语气对我说："县里要举行文艺汇演，你还得排练一个节目。"天真又任性的我不假思索地说："脑子里没有了，排不出来了呀！"主任没再说什么。我心想：为了我这个学习普通专业的教师胜任音乐教学，学校派我到济南幼儿师范进修了半年，学到的几个现成节目《我爱你，塞北的雪》《纺织舞》《假如幸福的话拍拍手吧》等都早已搬上了舞台，像模像样的文艺节目也确实给校园带来了无限生机。但现在我的脑子里确实干净了，到哪里去"搜"什么节目呢？两天过去了，主任见我没有动静，不容商量地下了最后通牒："排得出来得排，排不出来也得排！"看样子，不懂事的我必须把人类固有的麻木、惰性、得过且过等消极的东西驱赶掉。创造力开始在我脑子里复苏、萌动。结果，我带领 10 个女孩子排演的扇子舞《小小的我》以鲜明的舞台效果赢得了阵阵热烈的掌声，评委几乎都举起了"10 分"的亮分牌。我激动极了，孩子们欢喜雀跃。这时我发现，坐在观众席第一排的主任正向我点头致意，她的脸笑得像一朵花。

我恍然大悟：任何一种人类文化都可以模仿、学习，完成原样再生的使命。但那毕竟是有限的，没有实质性的积极意义的。只有创造、革新，才是文化发展、社会进步的关键。而压力，是实现这一切的力量源泉。这是主任给予我的无价之宝。

◇ 支持——灿烂的阳光

1992 年暑假，受县教研室的抽遣，下乡巡回进行"思想品德教材辅导"的任务落在了我的肩上。为此，我准备了大量的图片，这也是思想品德的学科特点所决定的。但我非常明白，这些图片到偏远的各乡镇是很难用上的，因为那里根本没有投影设备。只有天知道，我心里打的是我们学校那台实物投影仪的主意。但我又何尝不知道，那是省"三算"协会奖励给我校"三算"实验队的、价格昂贵的、不宜搬动的、全市唯一的高亮度实物投影仪，弄坏了任何一个零件都无法在当地进行维修，校长将它视为珍宝。但是，当我硬着头皮提出自己的想法后，校长二话没说，痛快地答应了我的请求。于是，那台"娇气十足"的投影仪被装进了县教研室的面包车，陪我颠沛流离地完成了全县十几个乡镇的教材辅导任务。

校长，您无声地支持，为我一路洒满灿烂的阳光。

◇ 关怀——乘风破浪的双桨

1994 年暑期，正是百年不遇的大热天，经过层层选拔，我接到了"执教省级思品公开课"的通知，这是多么光荣而艰巨的任务。我在心中一遍遍地对自己说：好好珍惜这次难得的机会，在全省的老师面前为我们东营市争光。当时，教室里没有电风扇，再加上实物投影仪、幻灯机释放出的强大热量，我试讲了11遍，每次出来时，头发、衣裙都像刚刚洗过一样，确实体会到了汗流浃背的滋味。令我感动的是：每一遍试讲，我们的老校长都陪着。县教研员来指导，他陪着；市教研员来把关，他陪着；多少次改制教具学具、多少次改进教学方案、多少次四处组织学生，他都陪着。当一个精心设计的教学环节被淘汰时，当教研员、老师们的语气过于急躁时，我想退却，可一旦看到老校长那熟悉的身影、那关切的目光，听到他一声声慈父般的鼓励，我便产生了战胜困难的勇气。结果，8月12日，在蓬莱举行的"山东省思想品德教材培训会"上，我执教的《毛主席尊敬老师》一课，以4位主讲教师中最佳的课堂效果、最高的评价圆满完成了任务，从此开创了我市思想品德教学的崭新局面。

老校长，您慈爱的关怀，为我荡起了乘风破浪、勇往直前的双桨。

四味曰：收获，粒粒米

我任教以来获得的第一个荣誉称号是"广饶县十佳青年教师"，学校推荐、材料评审、演讲选拔，最后在教师节庆祝大会上颁发荣誉证书。一关关下来，一步步走来，先前预想的激动、豪迈，都被欣慰和淡然取代。过程是艰辛的，结果是美丽的，但往往艰辛的过程比美丽的结果给予人的影响更加深远深刻。之后，山东省优秀教师、山东省教学能手、山东省特级教师、首届齐鲁名师，有的是志在必得，有的则是水到渠成，但感觉都是一样的——收获，粒粒米。朴素、普通，是种瓜得瓜、种豆得豆的寻常心思、寻常喜悦。

作为国家级课题负责人，当结题报告8次修改后定稿，当20分钟的PPT报告赢得教授高度赞扬："报告文稿、报告课件，加上你的精彩表达，我知道了什么才叫完美！"哦，我又收获了一粒米。

一个个孩子茁壮成长，我收获了粒粒米；一个个家庭表达感恩之辞，我收获了棵棵菜；一场场报告精彩呈现，我收获了枚枚果；一篇篇论文期刊发表，我收获了朵朵棉。虽没有惊天动地的壮举和褒奖，但却粒粒辛苦、棵棵真实、枚枚金贵、朵朵深情。其中的辛劳甘苦，只有作为"锄禾"者的自己最为清楚，所以以分外珍惜。

五味曰：陶醉，节节高

2001年的秋天，北师大的一次新课程培训，带给了我很多全新的感受，真是"如同上了一个星期的北师大数学系。"数学家讲座、新《课程标准》编写组核心成员报告、新教材实验教师展课，一股股温暖而强劲的课程改革春风沐浴着激情万丈的自己。返校后，一场认真践行新课标理念的数学教育改革在我所任教的二年级五班全面铺开。"激动着课改的激动，幸福着课改的幸福；迷茫着课改的迷茫，感悟着课改的感悟。"每天在这样的状态下工作、生活和探索。

很喜欢《三个推石头的人》这个小故事——

很久以前，一个人在乡间小路上，遇上一个人推着一辆手推车，车上装满石头，他问推车人："朋友，你在做什么？"那人面无表情地答道："推石头。"他继续赶路，又碰上另一个人推着一车石头，他又问："朋友，你在做什么？"那人带着一脸无奈，回答："推钱，每推一车石头挣十块钱。"他继续往前走，碰上第三个人也推着一车石块，他又问道："朋友，你在做什么？"那人带着满脸希望和自豪，回答："我正在造一座大厦。"

故事给我的启迪是：三个推石头的人有三种不同层次的追求，三种不同的内驱力，三种不同的精神面貌，必然产生三种不同的结果。我常常在报告中引用这个故事，我这样跟老师们交流：你怎样看待平凡得不能再平凡的课堂教学？一种是，上课就要跟调皮的孩子生气、被愚钝的孩子困扰，上课是一种辛苦而又乏味的事情；一种是，上课就是为了完成自己的任务，日复一日，平淡无奇；一种是，上课是教师的生命伴随着几十个孩子的生命共同成长的过程，我们牵动一个个充满个性的生命共同成长了40分钟，这是多么伟大的成长体验！人的潜力是无限的，而潜力的源泉永远在于人的精神世界。"心中永远有高尚的追求"是教师幸福成长的秘诀。

"芝麻开花节节高"是作物生长的规律，但当这一规律在一个个"今天比昨天好，明天比今天好"的孩子身上完美展现，我只有天天陶醉。

六味曰：转益，漫漫香

江苏省教育科学研究院研究员、《江苏教育研究》编辑部主任方健华老师在题为《教育科研与教师专业成长》的报告中，向我们传授了"师承效应"与"转益多师"的教师专业成长规律。他说：名师专业成长过程中存在"师承效应"现象。教师专业发展过程中，往往都有"师徒结对、青蓝工程"的经历。师承效应，是指在人才教育培养过程中，徒弟一方的德识才学得到师父一方的指点、点化，从而使前者在继承与创造过程中与同行相比，少走弯路，达到事半功倍的效果，有的还形成"师徒型人才链"。根据这个规律，培养名师，一是要重视发挥"青蓝工程"的师承作用；二是要强调双方的自主选择和相互对称。而名师专业成长过程中的这种"师承效应"，同样符合人才学研究的"师承折半"理论。即，徒弟一方的德识才学一般只能达到师父一方的一半。因此，名师成长的过程中，需要发挥"转益多师效应"。不少名师广泛吸取不同教学风格、不同教学流派的有益营养，多方接受来自师范院校的专家学者、实践界的教育名家的大师点化，通过"博采众师之长"来超越前贤，从而成就了自己的独特教学理念和思想。

我作为一名特级教师、齐鲁名师，能够在培养新人和教师队伍建设中发挥传递、辐射、带动作用，较好地将自己的经验、策略、理念、思想等进行"转益"，该是多么幸福、多么有意义的事情。看到自己的徒弟，年轻的老师们一个个成长起来，呈现较高水平的研究课、观摩课、参赛课，教育教学质量一步一个台阶，撰写的论文、随笔、案例等频频获奖……那漫漫的香味弥散开来，远比"赠人玫瑰，手有余香"的香气更加迷人，因为它有强大的生命力和无限的潜力。传承、转益，就是这么充满魅力。

七味曰：向农民学习，滋味悠长

不知从什么时候起，对南京师大杨启亮教授特别崇拜，崇拜于他观点的现实性、深刻性和普适性。爱收藏杨启亮教授语录，尤其珍爱聆听他报告时的点滴摘记。这次研修有幸杨教授赐教，期待中收获丰厚。在题为《素质教育中若干问题的反思》之报告中，杨教授下面这些语录又着实让我体悟了一番：

——农民在很多时候比我们高明，他在给白菜间苗的时候，总是拔掉高的，留下矮的，因为农民关注白菜的"后劲"，而不是眼下的"早高"。

——铺地板的农民工都知道，一块地板铺的不合格就是地板铺的不合格。基础教育是面向全体学生的普及性公民基础教育，成功与否质量如何要看就看基础教育最薄弱的环节。

——搞教育的是为了解决问题。出了问题不要抱怨，更不能妥协，要千方百计想办法解决问题；你见过哪个农民种地遇到问题不是从自身找原因呢？

……

于是，我联想到了农民种地。我的父母是地地道道的农民，成功农民，粮农、菜农、棉农，所种作物每每受到村里人的赞扬。小时候，经常会看见有一块地里共同生长着不同作物的现象，却不知其缘由。是一次闲聊，早已不种地的母亲一语道破了种地几十年的真谛："当年咱们村的土地碱性大，从来没有一遍播种出全苗的时候。苗不全怎么办？补苗呗！第一遍种棉花，苗不全种绿豆，再不全种南瓜、豆角，最后实在不行种黍米，黍米是最耐碱的了。最多的时候需要种5遍才能出全苗，但不管补种几次，咱家的地里从来没有空场。"母亲自豪地笑了。当时我的内心也充满了自豪，现在回想起来更是为有这么成功的农民母亲而自豪，因为她善于在实践中思考和研究，遇到问题从不气馁更不放弃，主动、耐心、执着地将问题解决到满意，最大效益地耕种着、收获着……

向农民学习，这是我对专业生活的最新感悟和更深层次的体味。

八味曰：面朝大海，春暖花开

自己是一个爱诗的人，用心灵歌唱着的诗人海子的诗《面朝大海，春暖花开》，是我十分喜爱的一首："从明天起，做一个幸福的人……我只愿面朝大海，春暖花开"。面朝大海，多么广阔浩荡，生机勃勃，令人心旷神怡，搏击、理想、愿景，我们专业生活的美好归宿尽在其中，是我们可以找到真正的幸福感的地方。

"面朝大海，春暖花开"，在教育者的意念中，绝不是海市蜃楼，而是我们所能感受到的一种更加辽远、更加明丽、更加畅快的幸福情怀。当然，花应该开在春天里温暖的土地上，诗人海子却让他固执地开在自己的幸福之海上，开在自己的理想的追求中。诗人飞扬的想象不正是我们"未来教育家"的梦想吗？对追求着的自己，对成长着的学生，对活跃着的年轻教师，对发展着的学校，对整个民族的教育事业，梦想是如此美好！

专业生活的味道，充满了千姿百态的诱惑，滋养了我的心灵，温润了我的精神，丰盈了我的思想。我将继续沉浸其中、享受其中，去回味、去品味、去体味……

于2012年7月5日

4

我与我的n门任教学科

　　我上小学时读的是复式班，当时感觉老师们都有些"全能"的味道。接受普通师范教育，广饶师范给予我的从业目标是能胜任任何一个学科的教学。工作之后，每当学校领导要安排我调整教学学科或者工作岗位时，听到的最多的教导便是"小学教师都是围着桌子转的"。眼下，走在中国基础教育改革最前沿的学校早已步入"全科教师"的时代。回头想想，自己在一定程度上也具有"全科"的技能，是一个生长在本土校园里"围着桌子转"的幸运者。"时势造英雄"，不得不如此感慨。在各级领导的关心关怀下，在各级教研员老师的引领指导下，在学校领导的栽培、热心同事的帮助下，我就这样不停地、辛勤地"转"了起来。应该用"n句话"才能概括自己的从教经历。

从教之初，教过两年音乐

　　初为人师，语文教学是我的第一心愿。我在师范毕业前实习的是语文，一个月的语文教学经历，感觉特别有成就感。成为正式的老师以后，我如愿以偿地成为一年级语文教师兼班主任。我像蹒跚学步的娃娃，艰难地完成了拼音教学，兴趣愈浓、技艺渐长。可这时突然接到校领导通知：原先的音乐教师调走了，由你来接替音乐教学。对于当音乐老师，自己态度上存在不小的"排斥"。一是因为自己的确不是做音乐的材料，二是自己太喜欢上语文课了。之后的两年内，每次学校领导找我谈话，要由任教语文改任音乐学科，自己也总是不情愿。但是，"小老师"必须顾及大局面，校委会的安排没有不执行的道理，绝对不容许年轻人有任何任性的表现。音乐教师缺岗了，要我来顶上教音乐；语文老师休产假了，我要停下音乐课去上语文课并代班主任。后来，从其他校调入一位年长一些的教师，她来接我的语文课和班主任工作，我再改回音乐去。这次自己是真的成了哭鼻涕的小老师，但只是到校长面前哭一哭说一说而已，因为校长的理由很简单也很坚决：新调入的老师教不了音乐教得了语文。我心里也十分明白：为了让我更能胜任，也更安心于音乐教学，学校专门派我到济南幼师脱产进修半年，声乐、乐理、器乐、舞蹈等方面得到很大的提升；为了练好音乐教学基本功，就连暑假期间，校长都支持我把学校唯一的手风琴带回老家去练习。我不教音乐谁来教？

就这样硬着头皮"赶鸭子上架"，上起了全校12个班每周24节的音乐课，承担起了所有节目排演、献词排练等与之相关的辅导任务。要组织班级合唱比赛，我往往是背着手风琴转全场；要举行节日庆祝活动，自己基本是导演、剧务、音乐顾问与器乐伴奏一肩挑；学生要参加县里的文艺汇演，无论编排合唱、舞蹈还是表演，自己更是责无旁贷……

下面的几段关于音乐和音乐教学的文字，是我曾经的学生成长为优秀的音乐教师后的内心表白，来自《现代教育导报》综合版，于2008年9月22日网络发布。

王喆《感谢师恩》（节选）——

有一句话说：教育不单是知识的传授，更重要的是一种人格塑造人格的艰苦劳动。从师范毕业至今，我一直从事音乐课的教学工作。说起音乐教学，首先我要感谢母校的启蒙老师们，是他们点燃了我心中音乐的火焰，培养和延伸了我的艺术才能。他们的影子，时常浮现在我的脑海中，甚至指导着我的教学。

我在小学时代还曾经碰到过几位很好的音乐老师。……

第二位是郑金丛老师。记得我读三、四年级时她刚刚师范毕业，还不到十八岁，剪着一个娃娃头的发型，穿着一件绯红色的带裙褶的上衣，走起路来特别有活力。她是一位真诚的老师。她告诉我们她不是学音乐出身的，但是她爱好音乐，并且为了教好我们，还到处拜师学艺。在她的不断努力下，她的声乐教学越来越专业了，手风琴拉得也越来越娴熟了。郑老师还学来舞蹈教给我们，使我们这些热爱唱歌跳舞的孩子有了可以锻炼的舞台。在郑老师的感召下，我们也刻苦地学习，不断地进步。在她们的身上我懂得了：要教好学生，自己先要勤学，这样才能成为一名让学生敬佩的老师。……

自己当上老师转眼已经 15 年了，深深地体味到歌里所唱的："长大后我就成了你……"如今，作为学生我已无以回报恩师，但作为一名教师，我却可以把这份情洒向我的学生。我愿意带领着他们畅游在美好的音乐世界里一直再过十五年、二十年甚至更久些。也许，这就是我回报老师们的礼物吧。

在又一个教师节到来的时候，我谨以此文献给所有曾教导过我的恩师。

我的内心是十分欣慰的——当的是老师，传授的是音乐艺术，带给孩子们的却是无比美好的陶冶和无限广阔的未来。

有此，足矣。

十年教坛，对语文一往情深

1986 至 1997 的 11 年间，我一直任教语文课兼任班主任工作。由于经常在全市全县教研活动中出示公开课、交流论文、进行教学辅导，还由于几次去母校东营师范做报告，更由于取得了东营市首届青年教师基本功大奖赛（作课、论文、笔试 3 项综合赛）一等奖第一名的好成绩，可以说我当时在东营市小学语文界有了一些名气。

语文有滋有味，语文深厚辽阔，语文研无止境——我喜欢语文，它作为语言工具和人文工具对我双重吸引；喜欢语文，在钻研教材的反复打磨中，在拓展读书的身心滋养中，在妙语连珠的师生交往中，在教研员老师的听评指导中；喜欢语文，它带给我的，是深不见底、高无限量的诱惑；喜欢语文，探索于其中，陶醉于其中，直到永远该有多好。

即使是最艰难的日子，我也对语文教学的情感与日俱增。孩子上了三年幼儿园，自己恰恰以语文教师兼班主任的身份送了三年毕业班。那时候的学校时间管理没有现在规范，都称毕业班是"射线班"，意思是，早上上课前和傍晚放学后，时间可以无限制向前、向后延伸，目的只有一个，提高教学成绩。对于我们自发的"射线班"行为，学校领导没有支持也没有制止。倒是老师们经常为争时间抢学生闹个不亦乐乎。加上幼儿园放学比小学早，我经常把孩子从幼儿园接回学校扔到院子里，再去给学生上一节课。冬天冷夏天热，中午和傍晚时分孩子又饿，三四岁孩子哭闹不休的心疼与无奈；骑自行车每天跑 4 趟幼儿园 8 个单程接送的"紧张战斗"；孩子午睡不醒叫他不起的有趣又令人心焦的生动场面……这三年，自己班的成绩总是在全校、全县名列前茅。"郑老师，你知道咱们五年级三班的同学在实验中学多么让你骄傲吗？全年级前十名，我们占了四个。这成绩从初一年级一直保持到中考。"这是当年的班长多年以后的汇报。也正是这个班的学生中，诞生了四位博士……

1996 年，我被任命为教导处副主任，分管全校的数学教学教研。不和谐的是，我不肯放弃坚守十年之久的语文教学，经验十足的校领导见很难说服我改道数学，只好先由着我行走在自己的五年级语文教学之路。这语文与数学的两条腿走路，着实太艰难了。数学管理要质量要水平，这对于我来说是个完全陌生的领域，我凭什么让那些业务精良、底蕴深厚、干劲冲天的数学老教师支持配合我的工作？自己带的毕业班的成绩，更是不容半点含糊。当时家里孩子又小。就这样强撑了一年，我的思想斗争每天都在激烈进行着。1997 年暑期，各方面的因素权衡再三，我终于做出了决定，主动找校领导请示：我还是改教数学吧。至此，挚爱的语文教学离我远去。

几十年来，每每回顾自己主要任教过的几门学科，各有各的特色，各有各的优势，各有各的吸引力。但还是唯有语文，成了自己难以割舍又不得不割舍的遗憾，是今生无论如何不会忘怀的情结，是十年驻足留给自己内心深处最为肥美的精神奶酪。

摸爬滚打，闯荡"思品"天地

1994 年的省级公开课、1999 年的山东省教学能手、2001 年的中学高级教师、2002 年的山东省特级教师，这些成绩和荣誉都得益于"品想品德"学科对我的青睐。2003 年 3 月，我被聘请为教育部立项教科书《品德与生活》《品德与社会》（山东人民出版社）编写组成员，参加新课程标准指导下的《品德与生活》《品德与社会》的教材、教学参考书的编写和修订工作。我执教的省级思品公开课《毛主席尊敬老师》，成为名噪一时的东营市思想品德学科之骄傲。连续两届的省思品年会上，我撰写的思品论文《思品课的板书设计》《思品教学中的名人效应》均荣获一等奖。

我与思想品德学科的缘分要有二十几年之久，但从来没当过一天的专职思品教师。一来，20 世纪八九十年代的县城学校，还没有达到安排专人任教思品课的重视程度；二来，师资力量也远远达不到这样的要求。一般由语文老师兼任思品课的教学，学科性质有相通之处。所以，我任教语文的十年都是兼思品教学，也名正言顺地参加学校及上级组织的思品学科的教学教研活动。

1997 年开始，我作为教导处副主任、数学教师，依然不肯丢弃自己擅长的思品教学，每年都会再带上一个班的思品课，并坚持备好课、认真参加学科教研活动。这无疑增加了不少的工作量。

如此，我才于 1999 年顺利通过了"山东省教学能手"的评审，这也成为自己教学之路跨上更高台阶的最重要的里程碑。参评前的备课是十分辛苦的。记得正值"国庆"假期，我必须完成每天三课的精心备课任务，才能把可能考核的所有内容准备一遍，还要准备大量的图片、文稿、录音等素材作为必要的补充。为了把课备得充分周全、上得生动圆顺，不知道要调集多少可用资源。直到今天我还十分清晰地记得登台那天的情景——身着一套新购置的紫红色西装，内穿白底淡蓝条纹衬衣；自己抽到的是四年级的《讲究礼节》一课，是上午第三节的课；我千方百计拉近与陌生孩子们的距离，以求他们有出色的课堂表现；台下坐着多位高深莫测的省级评委；喜欢大场面、善于临场发挥的自己课堂上不辱使命，在兴奋中把每一个环节都走得让自己很满意。下课后，自己紧张的心情根本平静不下来；直到午餐与午休时间，脑子里依然在一遍遍掠过自己课堂上说过的每一句话、孩子们的每一个回应、每一个字的板书、每一幅图片的处理，掠过明理、激情、导行各个环节的每一个细节……自己控制不了自己的思想，一种根本停不下来的情景回放。直到下午第一节课坐回那个教室，才算真正静下心来听别人的课，好好学习一番。

思想品德，是一个能够"上出花儿"的学科，前提是精研课标、深钻教材，研究学情、对接生活，丰富素材、借助媒体，与时俱进、落脚行动。但一旦考虑不周或者害怕麻烦，就会落入空洞说教的败局。我是一个具有良好发散性思维品质的人，旁征博引，迈过了这道关。就因为自己成功执教过省级公开课《毛主席尊敬老师》，1994年、1996年、1998年连续三届的省思品年会上，省教研员韩绪金老师都会重复表扬的话语：东营的老师，把各方面的情况都考虑得很周到。每次听到，都会特别开心，为自己，也为东营。

更重要的是，要把自己的视野、情怀、人格、信仰融入思品课中，首先老师自己必须有足够广阔的视野、足够博大的情怀、足够完善的人格、足够坚定的信仰。当 个优秀的哪怕是合格的思品老师，不容易。

课程改革，打造数学"名师"

从1997年至2004年，只有7年的"数学时光"的我，又戏剧般地跻身山东省首届"齐鲁名师"培养人选（小学数学）的行列。2003年10月，被聘请为北京师范大学新世纪（版）数学实验指导委员会委员。2006年1月，参加义务教育课程标准实验教科书《数学》（青岛出版社）的编写。

2008年春季，作为主要编委之一参加《名师教材（小学数学）》（山东人民出版社）的编写。主持国家级课题《信息技术与数学教学整合的教学设计的研究》，经过两年半的团队努力，圆满结题。课题成果与附件编印成册，足足三大本，厚厚的。课题成果之一《信息技术与数学教学整合的教学设计"四模式"》于2009年12月在省数学年会上重点交流，荣获省一等奖，同时推荐参加全国论文评比荣获二等奖。

报名参评首届"齐鲁名师"的纠结之处，又聚焦在了"任教学科"上。若选择思品，自己的优势明显一些，但今后的道路肯定是思品与数学兼顾，其中的辛苦只有自己最清楚；若选择数学，今后主攻数学心无旁骛该有多美，但是自己的数学实力可有一拼？翻箱倒柜一番，发现数学方面的发表文章、论著编写、公开课优质课证书、案例论文参评等证书，还算齐全、还算厚实。于是，自己又硬着头皮做出一个果断的决定：向数学进军！

从此，暂且告别思品教学，数学成为自己的"术业专攻"。

素质教育，开发"劳动"资源

早在十几年前，劳动课就作为综合实践的四大板块之一融入课程整合。

2008年春天，当素质教育的春风以其空前的强劲与温暖吹遍齐鲁大地，我所在的广饶县第一实验小学的全体师生跟大家一样欢欣鼓舞，"全面落实国家课程方案，开设好国家、地方与学校三级课程"是我们多年来一直不变的办学追求。但是，通过细细研读省市县各级相关会议文件精神，发现我们学校也有许多地方需要进一步改进和完善。"劳动技术"作为通用技术应进一步规范和加强。于是，我这个当教导主任的数学教师，同其他数学教师一样，一丝不苟地上起了劳动课。我不仅没有把它当成负担来无奈地应付，反而觉得响应省教育厅号召"开发第二课程资源"的时机来了。有一种成长的渴望，实现它首先要付出艰辛而后方能收获喜悦。不上便罢，一上就上出了精彩、上出了滋味。

没有教材，就自己编写。首先从"自己的事情自己做"学起，包括叠被子、理书包、洗衣服、洗头洗澡剪指甲等。

培养主动"做家务"的劳动习惯必不可缺，包括擦桌子、拖地、扫地、刷碗、做简单饭菜等，孩子们最感兴趣的是"拼盘"。

在简单的"生产劳动"方面，主要带领孩子们学习了植树、浇花和除草。

对于"女红"，女生感兴趣，有些男生痴迷的样子更是可爱。主要尝试学习了钉纽扣、缝沙包、织围巾等简单的针线活与编织工艺。

在同和小学任职（任教）期间，在学校三级课程体系中，"选课走班"作为校本课程最亮丽的风景，饱含劳动元素的"缝纫""编织""厨艺"等备受孩子们喜爱，深得上级领导好评。

直到来英才学校、英才中学任职（任教），每每看到不太会做值日的同学，都会走上去手把手传授一番：如何分工合作，如何准备和使用工具，是转圈扫还是分块扫更适合这个区域……源自从小父母给自己养成了良好的劳动习惯，源自做过劳动教师的职业习惯，源自作为教育工作者的责任习惯，是这些驱使我必须去指导、去传递、去育人。

每次给老师们做班主任工作培训，"学生值日指导与劳动技能培养"都是必讲的重要内容之一。可喜的是，今日培训明日便立竿见影，善于学习的年轻教师最能从专项培训的"转益"中获得启迪并落实行动。

劳动作为我们人类的第一生存本能，是劳动创造了我们美好生活的一切。为自己曾经是快乐的劳动课老师，工作中更多了几分特别的开心。

后"茶馆式"理念，唱响"环保"篇章

到广饶县英才学校小学部之后，做副校长的我，优哉乐哉地上起了《安全教育》和《环境教育》两门课程，五年级的 8 个班成了自己的"天地"。按照课程方案，每门课是每周 0.5 课时的排课量，于是两门课程间周进行。当天要学哪一科哪一课，也由学生们集体表决而定。取之不尽的妙计把孩子们哄得乐此不疲。

在上海静教院附校做影子校长时，跟张人利校长和他的团队学到的太多，关于后"茶馆式"教学，自己是千百个认同高呼大赞。

我在《环境教育》教案的扉页写下了自己拷贝的后"茶馆"教学理念——

　　学生自己能学会的教师坚决不讲。

　　同伴互助能学会的教师坚决不讲。

　　教师只帮助学生解决他们解决不了的问题。

同时写下了自己的教学设想——

　　记录成长。每名学生设置两个本子，一个是学习笔记，一个是受教日记。

　　我学我爱。学习笔记用于课堂学习记录。大致记录两部分内容：一是我学会了什么，二是我还有哪些不懂的问题。不懂的问题再通过同伴互助、教师参与等途径逐一解决并标注清楚。

　　我思考我行动我开心。受教日记用于课后使用，自主自愿自由完成。所写内容大致包括：学习收获、深刻体会、我的反思、环保小卫士在行动等等。只要学生上交的日记，教师均认真批阅，并采用符号与文字相结合的灵活多元的方式进行评价。

　　放大教育效应，积累教学资源。对于"优秀的环境教育日记"的"奖励"计划：一是小作者是当然的学科课代表（阶段性）。老师十分期待多人共同承担课代表任务，为同学服务。二是将会在下一堂课上与全班同学分享展示自己的精品日记。三是按照老师的批注进一步修改润饰后，将电子稿发送郑老师专用邮箱。之后进行分类、结集成书，书名暂定为《日记中的"少年中国说"》。该书将成为学校的优质校本课程资源，供学弟学妹阅读学习。四是，谁的日记入选书中，就会得到此书以示奖励。

于是，我收获了来自学生的无限深情、无限厚重的回馈，不约而至的一篇篇日记形成的三大"派别"也成为我与孩子们幸福的"书稿"约定——

第一辑，"亲其师，信其道"。主要写与老师、与学科的深厚感情，写的是"情感"。

第二辑，"学富五车，才高八斗"。主要写环境教育（安全教育）课上的所学所思，写的是"学问"。

第三辑，"绿水青山，我的责任。"主要写自己如何做环保小卫士、安保小卫士，写的是"行动"。

除了上述有一定任教时长的比较稳定的任教学科之外，在休完产假的1991年上半年的一个学期，作为"补丁"教师，我带过除了英语和体育之外的当时学校开设的所有学科的课……

无论任教什么学科，"做个好老师"始终是自己笃定的理想目标。在自己心中，好老师的标准也日渐明朗，那便是"三有三度"的自我标准——

有业绩，这标志着自己的"成长度"，用闪光的脚印和进步的标志来见证。

有口碑，这代表着人们对自己的"认同度"，包括来自学生及家长，领导和同事，还包括教育同仁、各界朋友的评价。

有良好的成功体验，这印证着自己的"幸福度"，我觉得开心地投入工作十分重要，因为快乐是生命的第一意义。

怀揣"n门任课"的锦囊妙计和丰富积累，我的体会是：任何经历都是自己成长的宝贵财富；教学工作无论作为事业还是艺术，各学科都是相通的；追逐理想是艰辛的，专业成长是快乐的，梦想开花是幸福的。

5

把平淡的日子过成诗

深深觉得，每一个诗意匮乏的日子都是对生命的辜负。生活要有诗的韵律、诗的急缓和诗的远方。哪怕再繁忙、再琐碎、再纠结、再急愤，深吸一口气、抬头望高天，今天不虚此行，明朝华丽登场。崭新的日子一个接一个，仔细咂品，不都有滋有味、甘香良多？

无非如此——

"一日之计在于晨"。第一节是我的数学课，当第一个孩子来到教室便迎来面带微笑的数学老师。然后师生共同创造、共同沐浴的教室文化氛围是：有我在，每一个孩子都温暖、自觉而高效。这个早晨注定美好，新的一天由此起跑。

小黑板、口算卡片或者多媒体课件等昨日早已准备妥当。此刻我的任务非常明确：一是，把课前测的题目呈现给孩子们。二是，查对一下昨天"堂堂清"的"小尾巴"是否还有，若有我要立马发起"冲锋"，这是个绝佳的也是唯一的"扫尾"时间。只有把所有的"小尾巴"在今天的课前被处理掉，昨天的"日日清"才勉强算大功告捷。三是，帮助消灭家庭作业"拦路虎"，或许有一两个孩子会主动走向我，求助昨天晚上家庭作业中的不解"难题"，以求今天的作业评价有个"好收成"。四是,我只是静静地坐在那里,观察、欣赏,用眼神无声地关怀,无声地督促。

孩子们本来就喜欢数学老师,盼望上数学课。休整了一夜的娃娃们,干干净净装扮整齐的娃娃们,有良好早餐营养保障的娃娃们,个个蓄满力量、精神抖擞。我看到的是,每个人一进门都会很乖,一切都在有序中悄然进行:第一项任务是向各学科的小组长提交各学科的家庭作业。第二项任务是拿出心仪的活页本,取下一张,认真完成郑老师的课前测题目,书写一定很棒,更唯恐出丁点差错。第三项任务是预习新的一课。第四项任务就是,调整好自己的一切状态,包括正确的坐姿、饱满的热情等,每一双眼睛都是亮亮的,每一对耳朵都是竖起来的,真的可以用双瞳剪水、明目达聪来形容。我面对的是几十个充满期待、充满好奇、充满战斗力的孩童。

紧接着是充满活力的数学课堂,教室后面早已坐了三五个随堂听取"常态课"的青年教师。每一节这样的"家常课"都是让师生共同振奋、共同探索、共同发现、共同创造、共同成长、共同欢愉的"数学乐园"。

下节课是"雷打不动"的作业批改时间,49本家庭作业、49份课前小测、49份当堂检测会尽量在这个时间内,在"严谨高效"与"火眼金睛"之间被精细处理。

音乐响起,我便换上运动鞋,跟孩子们一起投入到大课间阳光体育运动中。

接下来听名师工作室成员的"常态课",课后进行碰撞交流。一遍遍翻阅教材与课标,一次次推敲语言技巧,一处处沟通活动细节,从思路变迁到学具改良……常常会在不知不觉中早已人去楼空。

下午参加学科组的"同课异构"教研活动，学生放学后进行每天半小时的"班主任小专题培训"。

……

当每天的校园里又一次迎来傍晚的宁静，我取上每期必读的《人民教育》《小学数学教师》《中国教师报》，哼着欢快的小调远去……

这就是我幸福工作、快乐生活的姿态，这就是我高效运转、阔步向前的节奏，洋溢教育生命的激情是自己的阳光写照。

教师每天的工作头绪是何其纷繁复杂，但归结起来无非也只有一件事，那就是"成长和成长的促进"。教师工作的意义就在于深情地付出自己的心血和智慧，深情地预约孩子们的未来和梦想，在"爱"与"责任"的交响曲中激扬青春的旋律、放飞明天的理想。孩子们的生命之花在每一个平素的日子里尽情怒放，每一个平凡的成长足以让我陶醉于它的伟大。

记得在一个牙科门诊看到了下面8个字：精湛，精心，精细，精美。我佩服其主人理念之高超：精湛是指医术，精心是指态度，精细是指过程，精美是指效果。教师的追求的从业准则不也是如此：用精湛的专业素养、专业技能与专业水准武装自己；精心地去设计去筹谋去研究每天的工作内容，精心地关怀与呵护每一个孩子；精细地落实每一个工作步骤，精细地管理时间、空间和每一个项目；从艺术的角度来审视和追求工作的效果——每一堂课，每一项活动，每一篇文章，每一次发言，每一个学生，都将成为自己使尽浑身解数打磨打造的艺术珍品，力求精美方能如此精美。

一位央视节目主持人曾这样说——人的生命可能会达到三种类型的层次。第一个层次是他能解决他的温饱问题。第二个层次是你做的事情，你觉得有意思，你觉得有趣。第三个层次，是你做的事情你觉得有意义。

很自信地以为，自己的生命已经行走在第三个层次。于是，未来的日子里，我会更加踏实、更加充实。

6

醉爱中抵达幸福

"及时当勉励，岁月不待人。" 一学年的工作在忙碌的充实和成长的快乐中圆满结束了。一切都如同昨日，短促而清晰。提笔作结，我思绪滔滔。

经验的积累、阅历的沉淀、专业的提升使自己产生了这样的想法：教师的专业底线是3个字，即"上好课"；教师的职业守则是6个字，即"上好课、管好班"；教师的幸福生活无外乎做好8个字的功课，即"教书、读书、反思、写书"。

教 书

醉爱学生。学生是我永远的快乐之源。他们在课堂上的踊跃、投入的表现，他们在作业中的争强求优，他们在考试中的一丝不苟，他们在数学日记中流露出的尊师爱师之情，以及他们对数学的浓厚兴趣……暂时领先的孩子用眼神、用心灵期待跟我的每一次交往；暂时差一点儿的孩子渐渐被我、被数学所吸引。我每一天都期待着、兴奋着、收获着——这无限的来自学生的丰实、美妙的情感体验、精神果实、教育真谛！

醉爱上课。盼望上课，我认为这是一个成功的教师的必需。我恰恰具备了这神圣的敬业内涵。盼望上新课，我的教学天资与孩子们的无限热情融为一体，友好互动中会有无限的惊喜，迸发美丽的创造火花，让数学变得神奇、充满美感。盼望上练习课，开放性的思路一个又一个，合理的理解一种又一种，策略的分享、经验的积累、技能的提升、思想的升华，来自丰富多彩的练习课。盼望上复习课，本学期我最大的收获是教会了孩子们自己去整理复习，在课本上，在数学日记中，在交流谈话时，均能看到学生的长进、听到学生成长的惊喜。

带着灵气进课堂。对于一个有灵气的老师，上课对他来说是一种莫大的享受。享受凌驾于课堂之上、胸有成竹的悠闲；享受孩子们千变万化、趣意浓浓带给老师的得意；享受师生思想与智慧的碰撞产生灿烂火花的成功喜悦；享受教学相长、心有灵犀的快感。享受孩子的纯真无瑕、享受师者的无私情怀、享受成长的和谐欢乐。

醉爱考试。学生盼望考试（小测验），老师心比蜜甜。他们个个憋足了劲儿，准备在下次考试中超越自我、力争在下届改选时进入数学委员会。"宁肯为同学服务一辈子……"是他们共同的心声。考试带给了学生竞争中求胜、教训中求进、成功中求强、辛苦中求乐等诸多正向的积极诉求。每期6个课代表、12个作业组长、16个学习小组长，个个争着表现自己，我这个当老师的岂不优哉美哉？

的确，让学生爱上单元检测靠的是机制。说穿了是激励机制，与"数学委员会"轮岗之竞选机制有机结合，相得益彰。动态管理，赢者入围，服务大家，锻炼自己，累也快活，苦也光荣。我不但不必担心孩子对检测重视程度不够，反而去劝慰那些因临场失利而哭鼻涕的"明日斗士"。争取下次、希望下次，行动起来、努力起来，这样的吸引力带来了强大的内动力，驱动着孩子们走向成功，走向光明，走向未来。

醉爱教书中的每一道工序、每一个环节——

备课靠的是悟性。依托教材、参考教辅、面向学生，但绝不迷信教材、盲从教参、"目中无人"。"吃得透、抠得细、把得准"是大家对我课的评价；"有理论的高度又有实践的充盈"是大家对我评课的赞誉。对我来说，备好一节又一节的数学课很简单，无须伤太多的脑筋也无须费太多的工时。

批阅作业靠的是心智。《基础训练》《英才考评》学期争"优"大赛，10个"满分"换"大奖"活动，这足以把小家伙们搞定。家庭作业、课堂作业，都有那么多的忠实崇拜者为之倾心、尽力。"挑战数奥"栏目的"好"字评价，又使那么多的"数学小天才"千方百计、挖空心思。除了开心、欣慰，我别无他念。

辅导学生靠的是"借力"。"兵教兵"的优越，"小老师"的自得，"小组长"的权威，何必用我"大动干戈"呢？除非他们有办不了的，否则用不着我出手；何况还有那么多的"数学课代表"等待效劳呢！

……

教书，只会干这一样活儿的教师是名副其实的"教书匠"。但我不是"教书匠"，因为我讨厌这个缺乏创造灵性的机械呆板的称谓，我追求的是，做"匠"也要做最优秀的"匠人"，技术熟练、力求高效、善于革新而充满灵动。

教书，也要把书教得标新立异、出奇制胜、爱意荡漾。

读　书

我的理解是：狭义的读书即看书；广义的读书即学习。

本学期，繁杂的教导处工作使我难以在白天静下心来阅读书报，望着水平高、层次高、理念高的《中国教育报》《中国教师报》《山东教育》《创新教育》等优质报刊，我只有心急如焚的份儿。我可以利用的时间只能是晚上、星期天和节假日。《特别关注》《课外阅读》是我的至爱，放于枕边、置于桌头，每期必读，且读后收藏。精选3本书进行了仔细品读：《16

位教育家的教育档案》《世界经典教育案例启示录》《影响教师的 100 个经典教育案例》，确实温暖心灵、震撼心灵、滋养心灵、启迪心灵。

反　思

我不想只做感性的实践者，还想做理性的研究者，所以要对自己的教育教学行为进行持续不断的反思。

是学校安排的"每周一反思"的要求促进了我的自我发展。没有压力就没有动力，没有动力就没有创造力。人类固有的惰性将伴随每个人的一生，战胜它，要靠多方的力量。去年，我设置的"听课片段记录""评课记录""课后随笔""教育日记"曾一度是我的骄傲、我的慰藉、我的特色、我的收割机。但他们都几度搁浅。"忙碌"的借口吞噬着创造的萌芽和积累的砖石。幸好，"反思"又给了我重重地一拍，惊醒之余飞言万千。珍贵的经验、教训，丰富的课堂、实践，摄取与捕捉在于即时性，错过了岂不大憾？

教育日志、教育叙事、教育案例等都涵盖在我的"反思"之列。学校集体组织我们参加了"山东省第三届'教育叙事'评选征文活动"，在学校层面的评比中（隐名评选），我的 3 篇作品《身边有个漂亮女孩》《你是那飞跃大洋的海鸥》《只看所有的……》均榜上有名，其中第一篇还位居榜首。我欣喜不已，期待着逐级推选参评并有更好的收成。在学校组织的"优秀教学反思展评"中，我用一周的业余时间撰写题为《用"距离"意识反思教师的人文情怀》之文章，自感得意之作，参评的同时一并向几家编辑部投稿。我静候佳音。本学期的"教学常规"任务之一"20 篇教学反思"，我均是用心积累、精心凝练，篇篇成型、百读不厌。这是我巨大的财富。

写　书

记得在华师大培训时，胡惠闵教授曾经这样勉励我们："不断回眸自己的教学实践，不断挑战自己的能力极限。"我深刻领悟到，在反思与总结的同时挑战自我，这是多么精到的教师专业成长真谛。

著书立说，对我来说是一个巨大的挑战。因为需要厚重的经验积累，需要高深的文化素养，需要充裕的编著时间，需要畅通的出版途径……这些条件我具备吗？不是不想，确实太难。先前自己几乎是望而却步，虽几进几退，虽多有思路，但一直没有突破性进展。省"名师研究会"成立大会上，齐健教授的一席话让我看到了曙光：2008 年你们的任务很重，有两件大事要做，一是省厅帮助你们出书，二是做好"名师"认定的全方位准备。我知道，自己一直在准备，而唯有"出书"是一个"大头"难题。有省厅牵头，有专家引领，我心里敞亮多了，有些期盼的苗焰在心中跳动。

三四月间，我有幸被邀请参加《走进名师课堂》丛书的编写，这一机会的到来使我异常兴奋。山东人民出版社出版，定位为全省小学数学教师的"教材"，我分到 30 多万字中 1/4 的任务，作为主要编委成员之一，这些对我有莫大的吸引力。几改文稿，几易体例，通宵达旦，牺牲假期，所有困难不在话下。照顾好家庭与孩子，兼顾日常工作与业余著书，扫除年龄与身体障碍，向老师们约稿，然后精心改稿、慎重定稿。几个轮回下来，我发现自己还是那么一块写书的料。这是机会与压力之下挑战自我产生的动力，长出的创造力，挖出的无限潜力。

《走进名师课堂》，我为自己勇敢挑战的成果而欢欣鼓舞。而今，只盼望早日见到书品。

在学术期刊上发表文章，我依然认为这是具有挑战性的事情。然而，"机会只给有准备的人"。一学年来，发表的三篇文章给我"得意"的感觉。其一，论文《数学教学设计的"十化"》发表于青岛出版社出版的《数学新教材新课堂》第 3 辑；其二，寒假读后感《好书为伴，解惑导航——读"多元智能"理论有感》发表于《广饶教育》新年第 1 期；其三，教育反思《用"距离"意识反思教师的人文情怀》发表于山东教育出版社出版的《创新教育》2008年第2期。看到印有自己名字的样书，看到由心而发双手敲出的字字句句汇成美美的文章，闻到沁人心脾的墨香，我顿然感觉这不再是挑战，而是水到渠成、厚积薄发的成功感、成熟感。

"没有压力就没有动力，没有动力就没有创造力。"还是自己钟爱的那句话最富哲理，耐人寻味。

积土而为山，积水而为海。奔跑路上越来越明白，对于追求梦想的人，捷径和侥幸从不存在，只有每一步都脚踏实地，才能在超越中不断逼近目标。这是最近的道路，也是唯一的道路。

既然选择了远方，就必然选择奋斗，选择勤苦，相信未来收获的喜悦一定会眷顾于我。

"吾生也有涯，而知也无涯。"挑战依然在继续，我坚信自己的创造之泉永远不会枯竭。

教书育人是我乐此不疲、永不言败的挚爱。因为爱，所以爱。带着爱，走向爱。为爱而生，因爱而长。爱的旅程不只有浓情蜜意、美妙多彩，更有跌宕起伏、曲折悠远，但因为执着坚守、孜孜探索，自己始终是那个无比忙碌却特别幸福的人。

感谢教育事业赐予我的深情大爱。醉爱中抵达幸福，这是事业给予我的至高奖赏。

2008 年 6 月 18 日
于郑金丛工作室

7

当教育回归母亲的情怀

母亲之于孩子，她的伟大在于，超越了一切世俗的眼光，远离了名望、功利所带给人的虚荣。从容、淡定、宽博、无私的母爱比任何情感都感人至深。

当教育回归母亲的情怀，便不再一味地炫耀"优秀者"。在母亲心中，无论你在别人眼中好看与否、聪慧与否，无论你成长为杰出人才，还是从事工农业生产的普通劳动者，都是她亲爱的孩子，是爱的结晶、爱的寄托，都值得付出同样的心血、关怀和爱，甚至对于作为"弱者"的一个，母爱的天平还会更偏袒一些，而绝不是反过来。

当教育回归母亲的情怀，便不再将学生的优异成绩据为己有。莘莘学子，学有所成，或因禀赋出众，或因家教超然，或因机运太好，再加之学校教育的适切，而绝对不能全部吹嘘成"我校教育的成果"。对于一味自我标榜的教育者，我们不禁要反问：对于那些个没有"中状元"、得高分的大多数孩子，又该做何解释？总不会"好的一面全归学校差的一面全归其他"吧！而母亲的情怀总是不会淡忘任何一个，否则她的心将忍受滴血之痛。难道学校教育者没有同样的感受吗？还是应有的良知早已被麻木、被颠覆？

当教育回归母亲的情怀，便决然拒绝了一切无聊的攀比。学校与学校比，班级与班级比，老师与老师比，孩子与孩子比。在无休止的比较、攀比中，失去了教育的本来面目。攀比与评比中，很容易让我们忘记了因材施教的千年古训，疏远了"多元智能"启发下的人文关怀，让许多虽有特长但成绩平平的孩子内心冰凉、丧失斗志、制约发展。教育的本真不是这样的。母亲的情怀便是教育的真正情怀。不禁想起自己母亲常说的俗语："一母生百般，也有貔子也有獾"。这是对孩子天性无条件的认可。你见过哪个优秀母亲拿自己的几个孩子比来比去吗？她不会的，她也许会树立身边的榜样，但绝对不会在残酷的比较中刺伤任何一个孩子的自尊心。那样的话，母亲的心比孩子的心更痛楚。

当教育回归母亲的情怀，便会远离一切的功利色彩。眼下的教育功利性依然太强，甚至不失急功近利的味道。教育者急于想用学生的成绩来证明：我校教育是多么成功；我校优于他校，有一览众山小之快；这是我的政绩、资本，是送给领导送给上级的"厚礼"。功利之下，虚名之外，往往会违背教育规律和孩子成长成才规律，产生"揠苗助长""优胜劣汰"的悲哀。母爱的伟大很大程度上在于她的无私。虽然坚定地望子成龙望女成凤，但仅此而已。养育孩儿不图回报，任凭子女远航高飞决不拖累，只要儿女成人成才不顾自己的任何付出……天下母亲的心思都是一样的。的确，功利性越弱，教育性越强，离成功越近。

当教育回归母亲的情怀，便会回归现实，归于冷静和辩证。社会不只是需要巅峰栋梁，也需要有粮农泥工来保证我们的生存基础。当孩子的天赋与他所从事的职业相一致，当他努力成长为有用的、正向的、快乐的劳动者，尽其所能为他人和社会带来福祉，足矣。当母亲的愿景成为孩子的愿景，成为学校的愿景，成为社会的愿景，多方面力量在一定层面上达成一致、和谐，那便是教育的福音，未来的美好。

当教育回归母亲的情怀，才是真正的教育情怀。

8

家长会上讲故事

家庭，是孩子的第一所学校；家长，是子女的第一任老师。然而，我们有着灿烂文明史和悠久教育史的中国，在家庭教育方面走了一些弯路，存在一定的极端化的倾向。回避不是解决问题的策略，我们必须真诚面对。客观地说，中国式家教，在一定程度上或某些层面上，从一味地"讲教训、说道理、定规矩、设规范，简单地耳提面命，甚至是粗暴地跪罚责打"式的古代家庭教育，走到了"娇宠溺爱、百般呵护"的今天。这期间，有多少在工作中"叱咤风云"的父母对子女无可奈何，又有多少"恨铁不成钢"的家长对孩子束手无策呢？作为站在教育改革最前沿阵地的教师，我们有责任和义务把新的教育思想、新的教育观念，把科学的教育方法和手段传递给家长，以有效开发和综合利用家庭教育资源，使其成为学校教育的重要补充。

于是，我一改"汇报考试成绩、分析平时表现、提出今后要求"的"三段式"家长会模式——针对近期学生的发展动向和家长的共同困扰，精心准备故事讲给家长听，然后与他们一起思考点评、切磋感怀。这种"故事会"色彩的"互动式"家长会赢得了广大家长的一致赞同，因为他们也喜欢丰富生动，他们也渴望心灵触动。家长会后，由"今夜有暴风雨"的现象，变成了"民主、和谐、宽松、信赖"的家庭氛围和"鼓励、支持、诱导、帮助"的长期关爱。

每接手一个新的教学班，下面的经典故事分享儿乎成为我带给家长朋友的第一堂必修课。

现象写真

部分父母对孩子的目前状况缺乏爱心和关心，对孩子的未来发展缺乏耐心和信心。

真情讲述

故事《一位母亲与家长会》——

第一次参加家长会，幼儿园的老师说："你的儿子有多动症，在板凳上连三分钟都坐不了，你最好带他去医院看一看。"然而，她揉揉酸酸的鼻子，忍住眼泪告诉儿子："老师表扬你了，说宝宝原来在板凳上坐不了一分钟，现在能坐三分钟了。其他的妈妈都非常羡慕妈妈，因为全班30位小朋友只有宝宝进步了。"那天晚上，她儿子破天荒地吃了两小碗米饭，并且没让她喂。

儿子上小学了，家长会上，老师说："全班50名同学，这次考试，你儿子排第49名。我们怀疑他智力上有些障碍，您最好能带他去医院查一查。"回去的路上，她流下了泪。然而，她却对儿子说："老师对你充满信心。他说了，你并不是个笨孩子，只要能细心些，会超过你的同桌，这次你的同桌排在第21名。"她发现，儿子黯淡的眼神一下子充满了光，沮丧的脸也一下子舒展开来。她甚至发现，儿子温顺得让她吃惊，好像长大了许多。第二天上学时，去得比平时都要早。

孩子上了初中，又一次家长会。她等着老师点儿子的名字，因为每次儿子的名字在差生的行列中总是被点到。然而，这次直到结束都没听到。她有些不习惯。临别，去问老师，老师告诉她："按你儿子现在的成绩，考重点高中有点危险。"她怀着惊喜的心情走出校门，她发现儿子在等她。路上她扶着儿子的肩膀，心里有一种说不出的甜蜜，她告诉儿子："班主任对你非常满意，他说了，只要你努力，很有希望考上重点高中。"

高中毕业了。一个第一批大学录取通知书下达的日子。儿子从学校回来，把一封印有清华大学招生办公室的特快专递交到她的手里，突然转身跑到自己的房间里大哭起来，边哭边说："妈妈，我一直都知道我不是个聪明的孩子，是您……"这时，她悲喜交加，再也按捺不住十几年来凝聚在心中的泪水，任它打在手中的信封上。

互动点评

◇故事中，经过艺术加工的幼儿园、小学老师对孩子缺乏爱心，对自己的言行不负责任。所幸的是他们这些话是面对孩子的妈妈说的，而不是孩子本人。因而没有给孩子造成严重的心灵创伤，甚至是毁灭性的打击。

◇教育孩子是一项宏伟的远景工程，正所谓"十年树木，百年树人"。它要靠学校、家庭，乃至全社会用伟大的博爱、宽容的等待、精心的呵护、无偿的期盼，去塑造孩子健康、完美、向上的心灵，去成就孩子优秀的学业，去成就孩子成功幸福的人生。

◇人们在强调学校教育的作用时，常说的一句话是"有一位好校长就有一所好学校"，而该故事在突出家庭教育的同时，鲜明地表达了这样一个观点：有一位好母亲（父亲）就有一个好孩子。

◇ "因材施教"是我们做教育的永恒话题。这位母亲把一个天赋不佳又缺乏自信的孩子培养成了一位清华大学生，从这种意义上讲，她是一位了不起的教育家。

◇教育本是十八般武艺，也正如"酸甜苦辣都有营养"。大家应以故事中的妈妈为楷模，对照自己教育孩子的得失，引起深深的思考。相信我们每一个孩子比故事中的更聪明可爱、潜力无限。让我们共同用真爱迎接孩子辉煌的未来！

9

教育是一种智慧的修行

"笃学修行，不坠门风"。——《颜氏家训·风操》

"……一来替主人积德，二来当自己修行。"——《奈何天·焚券》

在自己的意念中，"修行"一词虽带有一定的宗教色彩，但我们依旧可以欣赏这个词汇——

修行是指修炼或修养德行。是一种持续时间较长的活动，包括思维活动、心理活动、行为活动、社会活动，旨在达到与现阶段相比境界更高、胸怀更广、视野更宽的个人修养水平。

这不正是教育者所毕生追求的境界吗？

而我，偏爱用"智慧"打点教育生命的底色。没有智慧，教育将寸步难行。"将智慧进行到底"的含义是相当丰富的——首先，充满智慧地修行在教育长旅；同时，在一辈子的修行中，将自己的教育智慧提升再提升，丰腴再丰腴，向着更高、更广、更宽的境界和目标进发。再者，我们从事的是百年育人的未来工程，这智慧的修行必能惠及莘莘学子、万千家庭、生命未来乃至人类命运。哪怕微不足道，也依然无限自信、无限坚定、无限憧憬。或许，这便是教师该有的情怀——既立足当下，又胸怀久远；既崇尚脚踏实地，又不时仰望星空。毫无疑问，教育者的智慧一定是多赢的智慧。

智慧，不可复制和粘贴

从参加工作前的实习，从备第一堂课开始，直到今天的 37 年间，自己备课上课始终不渝的习惯是：不复制任何人，包括最优秀的特级教师。可以学习借鉴，崇尚兼容并蓄，追求厚积薄发，但一直觉得"拿来就用"很是不好用。除了硬件条件、教材版本、学生基础这些外在的因素之外，最主要的障碍是——自己的思维没有完全跟他们在一个频道。或许不如他们高明，但是自己脑子里长出来的思路、导语、学具、策略，哪怕一段材料、一个表格、一道习题、一个评价符号，都会感觉在自己智慧的土壤培植下，格外顺手、实用、高效，备受孩子们喜欢，甚至会成为课堂的亮点熠熠生辉。或许，因地制宜的这个"地"字，有着太多丰富的内涵，地域、场景、教情、学情……

智慧，源自心灵生花

每每借班上课的效果总是在一定程度上不尽如人意。一来，自己的专业底蕴还没有修炼到家。其二，跟陌生的学生之间难以摩擦碰撞出智慧的火花，对于他们的思维兴奋点、知识生长点一时摸不透。只有在自己学生的课堂上，才会有无所不能的行云流水，才会有超乎想象的异彩纷呈，才会有心心相印的酣畅淋漓。也只有在自己学生的课上，才听到"老师你先别讲，让我们再研究研究"这样最动听的、让人最满足的、充满智慧的生机、闪耀智慧光彩的声音。课堂，是智慧之花尽情盛开的地方，我的智慧之花一朵朵，孩子们的智慧之花一簇簇、一串串、一树树、一片片。

智慧，在于实践经营

实践出真知。任何才干都是在用心经营的生活实践中积累与锤炼而成。一个老话传说的故事许多人耳熟能详——

> 要想学会泥墙，无论如何用理论进行说教式教学，学习者都难以掌握技巧。只有拿起泥匙、抿板，铲泥入匙、抿泥

上墙、抹平墙面，反复操作。泥浆的稀稠、取料的多少、墙面的牢固与美观等，这里面的学问多了去了。只"泥墙的同时不要将泥浆弄到自己身上"这一技能，就够人练习些功夫的。

所以，只有真正泥过墙泥好墙的人，才有资格说自己会泥墙。

"假舆马者，非利足也，而致千里；假舟楫者，非能水也，而绝江河。君子生非异也，善假于物也。"事半功倍、省力讨好的事，大都来自"善假于物"的智慧。有几年时间，作为学校的中层管理人员，办公室离教室比较远，经常是一个南楼一个北楼。我要找学生怎么办？而且数学老师与学生的日常交往都比较频繁。于是，我创造了一个类似"四年级五班数学委员会"这样的机构，一个单元一轮换，动态管理，成员由单元检测成绩优秀者产生——数学课代表 2 个，作业组长 8 个（课堂作业和家庭作业分别专项管理），试卷组长 8 个（大卷和小卷分别专项管理），四人学习小组组长 16 个。当时全班 64 个孩子，一半以上的都"当官"。再号召孩子们把自己的小组号都写在所有提交的作业试卷姓名的后面。

单元检测结束，激动人心的时刻到来。作为他们的数学老师，我只需做好三件事：一是出台并公布针对上单元检测成绩的光荣榜，将满分得主、实现双目标（成绩目标和同学目标）者、实现单目标（成绩目标和同学目标中的任何一个）者逐一张榜表扬。二是出台并公布新产生的数学委员会。三是根据单元检测成绩评价 16 个学习小组，在评价栏里给予"星"或"章"的奖励。

后面的事情便是——

孩子们各自忙起来，或者是"新官上任三把火"的由内而外的干劲冲天，或者是"百尺竿头更进一步"的成长自励，或者是"一锅好汤不容老鼠屎"的团队集体管理效应，或者是迫于组长等"上司"恩威并施的关怀帮助的力量……

而他们的老师我，只管坐在办公室里享受着"坐享其成"般的收获。

早晨当我打开办公室的门，早早地家庭作业就送来了。四个大组分成四摞，上面会有未交作业的一两个同学的名单，忘记带、偷工减料，不交作业的孩子总有他的理由和"绝招"。但是不必担心，今天上午一定会全部补来，对付个别"小懒虫"，我有办法，那些个小干部更有办法，盯、靠、帮都是他们天生的智慧。

课堂小测送来了，无一例外地不留尾巴，写得少的、算得慢的，自会有人监督有人帮助。全乎了圆满了才会送到我的手上，并且尽量在下课后的第一时间完成。

单元试卷改错送来了，是在我有针对性的课堂集体纠错活动之后，大家各自自主改错或同伴互助解决。我这里记得明明白白：去掉22个满分的，全班还剩42个同学需要改错，这些同学分别分布在哪些学习小组。送来的，我一一批阅，全部消灭错误的一一登记，依然存在错误的再返回到学生手中。如此往复，直到每一个同学对本次单元检测内容全部弄通弄懂做对为止，并争取在最短的时间内见缝插针完成。有些个特别厉害的"小领导"还会呈现出举一反三的类似题目，来考验帮扶对象是不是真的掌握了该知识点。为这样的举动我时常偷着乐。面向全体、一个都不少的教育理念，在基础教育质量方面的打牢基础、扎紧篱笆，就是这样落实的。不让任何一个孩子掉队，包括知识技能、过程方法、情感态度价值观诸方面。在数学教育方面，不在孩子的童年留下任何的遗憾和漏洞，这是我努力坚守的职业操守和切实行动。

教育者的智慧永远都指向促进发展

"老师，什么时候再做一份小卷？"对于这样的期待，我自心领神会。一猜就是这个孩子已经攒了8个或者9个"小奖"，只待给机会凑足10个以换取"大奖"。如此，你还会担心他这一段时间学不好吗？又有多少孩子在这样的"内动力"驱使下奋争、历练、成长，用十足的热情、十足的兴奋、十足的马力驶向一个又一个前方的彼岸。对于"小奖"，我是这样跟孩子们达成协议的：一直领先的同学，必须百分百正确，即满分才能得到老师的一个精致的红色的"奖"字；平时中等学业的同学，允许出错一点点，只要是很努力成绩很理想，就可以得到"奖"字；对于暂时还存在一定学习困难的孩子，允许错几道题，老师看的是你自己跟自己比每一天的进步幅度，你们有同样多的得"奖"机会，前提是看得见的努力和明显的进步。

对于"大奖"，我是这样让它在每一个孩子心中闪光的：随机用 10 个"小奖"换取"大奖"；其标志性奖品是一个大"演草"本，郑老师用红色笔无比大气地写上一个大大的"奖"字，郑老师再用黑色钢笔工工整整地写上得主的姓名；学期内，从第一个换取"大奖"的同学开始，郑老师做好登记，经常在全班通报表扬；期中期末家长会上，郑老师向全体家长汇报的重要内容之一，就是同学们 10 个"小奖"换"大奖"的情况。一个学期下来，最优秀的同学能够换取三个乃至四个"大奖"。

正所谓"蓬生麻中不扶自直"。当动力源发便"不用扬鞭自奋蹄"；当"比学赶帮超"蔚然成风，老师便成了最轻松自在的幕后观望者、台前欣赏者；每一个舞台上的"主角"都会用最美的自己诠释自主发展、幸福成长的无限精彩和全部内涵。

"晋级赛"的智慧光芒万丈

在广饶县同和小学的几年，乐此不疲地带领全校老师率全校同学开展"拇指－金星－成长卡"晋级赛——

◇获得"拇指卡"。各班主任、学科教师自行制定方案，确定学生获取"拇指卡"资格的相关要求，颁发"拇指卡"。

◇获得"金星卡"。获得 10 个"拇指卡"者，到班主任处换取 1 个"金星卡"；在学校较大型颁奖活动中荣获"金星卡"。

◇获得"成长卡"。获得 10 个"金星卡"者，到教育处换取 1 个"成长卡"，并进行登记。

"成长卡"由学生自己珍存。拥有"成长卡"者，同时拥有以下资格之一，由学生自主选择，并在班主任的配合下付诸实施。例如：1.请校长（副校长）留言；2.跟校长（副校长）合影；3.得到一个印有"快乐学习，健康成长"和学校吉祥物丑小鸭标志的写字本；4.将自己的照片、简介等在学校或班级荣誉栏展示；5.在全校升旗仪式上演讲一次，或承担一次升旗手、护旗手任务。

没想到的是，学生几乎都首选"跟校长（副校长）合影"。教育处不得不规定周五上午是"合影日"，且经常是成群结队进行集体合影。见到孩子们装扮靓丽、手捧相机、兴高采烈，我作为该活动的倡导者、学生发展的服务者，跟他们合影是多么开心的事情。不要忘了，这可是 100 个"拇指卡"的"小奖"积累才换取的"大奖"。多么不容易，分量有多重，有多少坚持、多少心血、多少赞赏才赢得的莫大奖赏。孩子们把跟我的合影做成摆台，还一式两份，一个个恭恭敬敬又抿嘴笑着送给我。我在猜：这摆台一定放到家里最显眼的地方，有人造访，必将欣赏、赞赏，或许还会羡慕不已。

在工作笔记的扉页，我经常会写下类似这样的文字，以不断自勉和反思：

做个优秀的管理者——胆大心细，用脑尽责。辛勤耕作，
运筹帷幄。调兵遣将，永不退缩。

教育的确是一种智慧的修行。教育的智慧是"大教无痕"的智慧，智慧的修行是怀揣对生命的敬畏、怀揣对未来的使命、怀揣对事业的热爱所进行的无边的创造。

10

教师自语

比蜡烛明通

比春蚕灵动

比工程师柔情

比园丁睿聪

照亮莘莘之子也照亮你我征程

从不作茧自缚拒绝故步自封

集母爱的宽慈与父爱的严苛于双瞳

滔滔智囊万千神功

很平凡很神圣

既高超又普通

单薄弱小却铁骨铮铮

岁月蹉跎不改初心赤诚

于迷惘和远方间穿行

在疲苦与强大中守恒

坚定地把信念植入田垄

将无限温存无限希冀赐送

飞尘间隙感受清风
喧嚷之中寻聆乐声
为赏野芳不惧荆棘丛丛
另辟蹊径哪怕耳赤面红
嫩芽绿叶萌发于宁静
多彩小花绽放于魂灵
不喜不悲淡定从容
不躁不争春和景明

——于 2018 年 9 月 26 日

第二辑　我的学生我的梦

理想的师生关系是相互成就梦想——老师成为学生的幸运，学生成为老师的骄傲。

教育是人类文明的薪火相传，教师的使命是用文明的火种点亮文明，点亮希望，点亮未来。

1

孩子们，老师悄悄地告诉你

可爱的你，是这般明媚，一如天边朝阳。

可爱的你，是如此清新，恰似蓓蕾初放。

可爱的你，是春日苗秧，蒸腾着蓬勃向上的能量。

可爱的你，是万家期许，书写着明天的殷殷希望。

可爱的你们，代表着祖国新时代的形象，正向全世界证明你们才是最强！

自从选择了"教师"职业，我就拥有了你们；自从生命里拥有了你们，我心中就洋溢着快乐。

当课间的校园里，马祖磊和王晓彤手牵着手向我跑来："老师，今天你再给我们上一节数学课吧！"两个多么天真的孩子，天真得没有性别差异；两颗何等幼稚的心灵，幼稚得不懂什么是"课程表"；两双无限期盼的眼睛，充满着对学习的期待、对知识的渴求。当杜振告诉我，同学们想做大演草；当李敏告诉我，她们组想办数学报；当燕宇飞告诉我，她终于找到了"百年不闰四百年又闰"的科学根据；当大家异口同声地告诉我，"老师你先别讲，让我们再研究研究！"……听到这些，幸福的感觉包围着我——因为，你们的兴趣是我最大的快乐。

在那次有开放性加分项的期末测试中，你们提出的有价值的问题、设计的攻关策略一个又一个，我们班考出了总平均 102.65 分的好成绩，并且全班"书写评价"100% 优秀，这前所未有的惊喜令老师兴奋了多少时日。还有，陈钰花了一整天的时间做出了一本 2004 年的精美年历；聂恺考出了这学期的第一个满分；向来被别人帮助的张书伟光荣地当上了小组长。荧屏上的张丽斐唱歌多么专业；野营中的任才炒菜多么熟练；朱睿的电子账单做得多么别致；孟媛的数学日记写得多么感人……看到这些，神圣的体验陶醉着我——因为，你们的发展是我最大的快乐。

那个上学第一天就把名字写得漂漂亮亮的易娜考取了研究生，那个从小就能歌善舞的黄琦成了一名出色的音乐教师，那个男孩般淘气的张惠娟当上了优秀的超市职员，那个四、五年级百米纪录保持者张锐考上北京大学，那个连续两年作文荣获全国一等奖的刘全考上了天津大学，那个藏而不露的张冕考上了中央美术学院……得知这些，骄傲的喜悦环绕着我——因为，你们的成功是我最大的快乐。

还记得那个跨世纪的元旦之夜，在小学被我"塑造"了 5 年、早已升入高中的你们，纷纷来到我的住所，足有 20 多个。小小的客厅容不下，你们就坐在卧室的床上、餐厅的椅子上，簇拥着陪我观看新年节目，在这伟大的时刻，听着最美好的世纪祝福，我的眼睛一遍遍湿润。当每年的教师节、春节到来之际，精美的贺卡带着你们的心语雪片一样飞到我的身边。无论在商场里，还是在马路旁，无论是白天还是晚上，那铺天盖地的"队礼"和"老师好"纷至沓来，庄严而亲切，温馨又甜蜜。除了当老师的我，谁会得到这么多这么纯的尊敬、感谢、赞美、问候和祝愿？ 时时刻刻，美丽的世界拥抱着我——因为，你们的真爱是我最大的快乐。

孩子们，你们是老师生活的阳光、事业的风帆，你们是老师快乐的源泉。昨日今朝明夕，这快乐的诱惑我都难以抵御。

2

不夸漂亮，明朝赛今夕

刚接的三年级二班有一个名为田佳（化名）的女孩天生丽质：白皙的皮肤近乎透明，忽闪的大眼睛诉说着孩子应有的天真与纯情，头发顺滑如丝，小嘴红润如丹，再加上娇小可人的身姿，真是美得无可挑剔。但我有一个职业习惯，孩子的长相似乎不会影响我的教育教学行为。所以，田佳同学跟全班同学一样，"平凡"地过着校园生活。两个单元结束后，单元测试的成绩引起了我的重视：田佳的成绩都是七十多分，班上没有几个比她差的。我很意外，看她也不像"眼大无神"的孩子，很有灵气的样子，给我的第一感觉最起码是中等学业的孩子。为什么？为什么？我连续问了自己几遍。接着我找任教语文兼班主任的李老师交流，因为李老师从一年级教上来，肯定对孩子有很多的了解。李老师告诉我，田佳的成绩一直这样，很正常。

我没有任何松一口气的感觉，反而觉得心情很沉重，像压了一块石头，些许遗憾，些许失败，些许伤怀，说不出的"不快"让我坐立不安。日后对"小美女"的特别关注印证了我的猜测：她的心思不在学习上，而在"爱美"上。我的数学课上，只见坐在第一排的田佳斜背精致的小包，还不时打量手腕上五彩的手镯。回想这个孩子平日对我的赞赏：郑老师你的衣服真漂亮、你的鞋子真好看、你烫的头发跟我妈妈的一样……在恍然大悟之余我打算当天找她单独谈话。我的态度很平和，但语调却是不容商量的。我是这样说的：

> "爱美之心人皆有之，老师也一样。一个不会打扮自己、不追求美好事物的人，很多时候得不到应有的尊重和喜爱。但是人的身份不同，'爱美'的标准也应不同。比如说在校园里的老师和同学，要美得简洁大方，美得像个老师、像个小学生。你看，老师没戴任何的首饰吧？"

听到这里，这个有个性的孩子，不是低下了头，而是很自然地看了我一眼，然后瞅了瞅从身边经过的另一位女老师，接着点点头，顺手摘下了手镯装进衣兜。

尔后孩子的变化是明显的，不再斜背小包，不再戴任何的手镯之类的饰品。我的反思却仍在继续：漂亮女孩为什么爱打扮？因为她在乎并喜欢别人说她漂亮。漂亮女孩为什么在乎别人对她美貌的赞赏？因为她听惯了这样廉价的夸奖。要改变这些，仅靠来自学校教师的教育力量是远远不够的。社会大背景与文化根源我力不能及，但取得家长的配合是我首先要做的。于是，我充分利用"心灵对话"开始了家长、老师与孩子之间的书面心语沟通。

第一次对话，我瞄准了教育契机：孩子的学习有进步，我表扬她后，家长与孩子都很兴奋。在"老师对父母说"栏目内，我写道："少夸孩子漂亮，多关注她经过自己努力之后各方面的长进。"

在"老师对田佳说"栏目内，我又写道："老师更喜欢'今天比昨天好，明天比今天好'的你！"

孩子美丽的大眼睛里开始闪耀出"蓬勃向上"的光芒。第四次"心灵对话"记下了这样的内容——

> 田佳对郑老师说："您的好几句话让我感动，影响到我。我告诉您，其实我谁也不崇拜，我就崇拜一个人，那就是郑

老师您！"

爸爸妈妈对郑老师说："孩子对数学的兴趣日益浓厚，不但每天的作业不用家长操心，而且还主动研究《快乐数学》上的题目。只是成绩不是很好。"

郑老师对爸爸妈妈说："一份95分的期末卷让我欣喜不已。"

郑老师对田佳说："一个个成功的喜悦会等着你！"

这个很长时间成绩在后5名的漂亮女孩，各方面发生着可喜的变化：她作为学校体操队的主打队员，即使在市赛前训练最紧张辛苦的阶段，也丝毫没有放弃对学业的追求，每天晚上的作业都做得圆圆满满，每道错题都认真订正。其间的单元测验还得了满分，当上了她梦寐以求的"单元课代表"。

我想起了读过的一篇题为《请为你的夸奖道歉》的文章，教授的话让我震惊："你是因为她的漂亮而夸奖她，而漂亮这件事，不是她的功劳，这取决于我和他父亲的遗传基因，与她个人基本上没有关系。你夸奖了她，孩子很小，不会分辨，她就会认为这是她的本领。而且一旦认为天生的美丽是值得骄傲的资本……请你为你刚才的夸奖道歉。"作者在文章的结尾写道："从那以后，每当我看到美丽的孩子，我都会对自己说，忍住你对他们容貌的夸赞，从他们成长的角度来说，这种事要处之淡然。孩子不是一件可供欣赏的瓷器或是可供抚摸的羽毛。他们的心灵像很软的透明皂，每一次夸奖都会留下划痕。"

3

你是那横跨大洋的海鸥

杨晓林（化名）是一个白皙、文静、内向的可爱女孩，课上课下都很少说话，眼睛好像已经近视。是"心灵对话"让我与她两颗心碰撞、生花。她这样写道："郑老师，我一直很努力，但为什么成绩一直不见起色？我很急、很慌。请您一定告诉我原因，帮我提高成绩……"孩子的热情多么高涨，要求多么迫切，又是多么渴求"灵丹妙药"。我思索良久，提笔写道：

"你看到过在海边争食的鸟儿吗？当海浪打来的时候，小灰雀总能迅速地起飞，它们拍两三下翅膀就升上了天空，而海鸥则显得非常笨拙，它们从海滩飞向天空总要很长时间，然而，真正能飞越大海横跨大洋的还是海鸥。"

课间，我去教室里看到她正在发作业，很热情地拍拍她的肩："杨晓林，老师写的话你明白吗？""嗯！"她的眼睛里、脸蛋上放射出从未有过的光芒和色彩，让我看了好生美好，像阳光照耀，像彩虹映射，像春风吹拂……

接下来的几个单元测验成绩让我惊喜万分：

100分的有17个，她99分；

她99.5分，第一名；

120分的有2个，她118分，第三；

……

这个一直在中下游徘徊又一直在奋争的农村女孩，难道我的一句话在她身上产生了"神力"而创造了奇迹？这一段时间的良好状态是否表示能永远推动着她？跟同事交流的时候，宋老师激动地说："一段时间管用，就表示影响一生！""但愿如此！"我脱口而出。我期待，生命中闪光的印记会带给她刻骨铭心的美好记忆，直到永远。

此后的日子里，我精心地呵护孩子娇嫩而又坚毅的心灵，直到她以优异的成绩升入初中。

记得读过《人民教育》一篇题为《请珍惜孩子那可贵的"钝感力"》的文章——

"钝感虽然有时给人以迟钝、木讷的负面印象，但钝感力却是我们赢得美好生活的手段和智慧。"

实际上，孩子本性上都有一种可贵的钝感，这种钝感是一种温和向上的力量，不激进、不迫切，但却更坚韧更有毅力。

这些"钝感"的孩子，并非没有追求，也不会因为不在乎外在的荣誉而放松对自己的要求，他们只是会走得有点慢，但走得更稳。

孩子不需要完美，成就自己就是完美！

孩子不需要出色，成为自己就是出色！

所以，如果您也有个"钝感小孩"，请好好珍惜！

不要用成人的焦虑去影响他，慢慢地，你会发现，他们不仅能跟上甚至超越同龄人的节奏，而且更容易接纳自己，更容易宽容别人，心中更容易有一种踏实的幸福感。

……

"躬耕二顷田，自种十年木。"愿我们那些看似"钝感"的孩子都能成为飞跃大海横跨大洋的海鸥！

4

只看自己所有的

左浩（化名）是一个先天"六指"的残疾孩子。课堂上一个偶然的机会，我看到了他一直掩盖却不小心露出的左手最小小指：红红的、小小的、嫩嫩的。我不由产生了一阵怜惜，却没有丝毫的"厌感"。孩子仿佛发现我看见了他的"痛楚"，立刻把左手缩进衣袖，羞惭的感觉涨到他的满脸。只一瞬间，我深深体会到了自己的责任。我该为这个孩子做点什么？

经过充分的准备，我在 3 天以后的课上设计了下面的活动：

我说：你们知道吗？每个人都是被上帝咬过的苹果，都有缺陷，只不过有的苹果格外香甜，上帝就多咬了一口，所以缺陷会多一点点。不信你仔细观察老师，缺陷在哪里呢？天真的孩子们很诚恳也很自然地找出了我的不足……

我接着这样与学生交流：老师每天在意的并不是这些。我们应该怎样看待自己呢？我给大家讲一个小故事，故事的名字是《只看所有的》——

一位叫黄美廉的女士，自小就患上脑性麻痹症。此病症十分惊人，因肢体失去平衡感，手足会时常乱动，口里念叨着模糊不清的词语。这样的人在常人看来，已失去了语言表达和正常生活能力，更别谈前途与幸福。但黄美廉靠顽强的意志和毅力，考上了美国著名的加州大学，并获得了艺术博士学位。

在一次讲演会上，一个中学生问："黄博士，你从小就长成这个样子，请问你自己怎么看你自己？"在场的人都责怪这个学生不敬，但黄美廉却十分坦然地在黑板上写下了这么几行字："一、我好可爱；二、我的腿很长很美；三、爸爸妈妈那么爱我；四、我会画画，我会定稿；五、我有一只可爱的猫；六、……"最后，她以一句话做结论："我只看我所有的，不看我所没有的！"

故事给我们的启迪是什么呢？经过互动交流，大家相互补充的结果是：要想快乐、成功，必须接受和肯定自己。多看看自己拥有的，就会觉得阳光更多地撒播在你身上。

自此以后，左浩同学渐渐不再刻意藏起左手，同学们也没有任何特别的关注或异样的目光。后来，发作业最积极的是左浩。一切都很正常。在一次次"心灵对话"的纸上交流中，左浩同学写出了这样真切而暖人的话语：

"郑老师，我常常会很喜欢你，你喜欢我吗？"

"郑老师，天气凉了，别忘了多添件衣服。"

在不久以后的期中考试中，他居然考出了第一个满分。左浩升入了五年级了，他的作文《郑老师带我们玩数学》被推崇为范文。

从此，我时刻牢记苏霍姆林斯基的叮咛："从儿童进学校的第一天起，就要善于看到并不断巩固和发展他们身上所有好的东西。"

只看自己所有的，这是孩子对自己最好的爱；因为爱，他将会热情地拥抱整个世界。

5

每个孩子心里都住着另一个更好的自己

经常会读到类似这样的故事：每个人心中都住着一个天使，每个人心中都住着一个魔鬼，每个人心中都住着一个小孩儿……只是在我们心里住着的另一个，只有当一定相当成熟的条件下，应该是环境与之灵魂需求相当匹配，抑或客观刺激足够充分，才会偶尔从深深地隐藏中破土而出。当"那个更好的自己"不再"金屋藏娇"的那一刻，或却步光临或华丽登场，生命必将展示出别样的风采。

给孩子们上课的时光总是最美好的。走进教室，发现了一个"特别"的孩子，是单独坐在讲台边上的男孩，除此之外没有任何不同。我估计，这是个过于调皮的孩子，时常会影响其他孩子上课，所以……

"你一直在这里坐着吗？"

没等他回答，坐在进门第一张桌上的"独立"（没有同位）大男孩抢着说："他以前是跟我坐在一起的。"

我立马对讲台边上的孩子说："老师如果让你回到原位置，你能好好表现吗？"

"我一定能！"

"前同位"用点头和微笑欢迎"同桌"回归。我俩迅速帮他搬桌子凳子。

整个一节课，俩小伙儿表现超级棒，自学、合作、分享，每一项任务完成得无可挑剔。只是课中俩人小声说话被我用眼神提醒了一次，还得到了全班同学赞赏的掌声一次。这些都是相当正常的，十分必要的。

下课了，这个"调皮"的孩子追出门外问我："郑老师您下周的这个时间还来吗？"

"来呀！我一定来的。"

"那好，来就行！"

孩子的眼神和语调让我永远都忘不了：你来有多好；我真害怕你不来；你可一定要来呀……

"仰天大笑出门去，我辈岂是蓬蒿人。"每个人的心里都住着另一个更好的自己，何况孩子呢？作为老师，包括每一个教育者，倾尽全力、使出浑身解数所应唤醒的，正是这美丽的天使——深居心中的另一个更好的自己。

这正如罗曼·罗兰所说："谁要能看透孩子的生命，就能看到湮埋在阴影中的世界，看到正在组织中的星云，方在酝酿的宇宙。儿童的生命是无限的，它是一切。"

6

为"特殊孩子"做个中国梦

"我的梦中国梦",每个孩子都有自己美丽的梦想。而"特殊孩子",尤其是智障的孩子,他们的梦境是怎样的呢?很多时候我们难以走进孩子的内心世界去关注去体会。

有个特殊男孩叫小飞

魏小飞(化名)的确是个这样特殊的孩子。他的妈妈因智障生活不能自理;爸爸稍好,但只能做点体力工勉强糊口。小飞每天由年迈的奶奶用三轮车接送上下学。对于小飞,之前我所观察了解到的是:自己不能坚持上课,并对整个课堂产生影响使得班里所有同学难以上好课;一年级到五年级,从来没有写过一个字的作业,包括课堂练习和家庭作业;经常在老师的办公室里被特殊看护;时常到学校任何一个课堂、办公室去"做客";谁对他好他就特别"亲近"谁;学校一旦有大型活动,他会热情地去往最显眼的位置,老师们只好哄他去往别处并悉心照料……

"老师,我表现棒吗?"

上课前,我早已来到教室。同学们个个像等待检阅的士兵,用坐姿和眼神欢迎老师来上课。小飞背着书包走进来说:"我要来听!"我恍然大悟,他的行政教学班应该正是这里,便迅速将一张盛放学生作业的空余桌子给他准备好，这是最里面一排的第一张桌。

我与全班同学的互动课堂活动如火如荼地进行着。小飞始终安静地坐在那里，掏出桌洞里的书本自由翻看。我对大家说："今天小飞表现太棒了，他丝毫没有影响到同学们，咱们还带动了他。我们一起把掌声和拇指送给小飞吧！"响亮而有节奏的掌声，齐刷刷的大拇指潮水般涌来，这久违的最高奖赏让他绽开灿烂的笑颜。

当课堂进行到30分钟后，小飞开始坐不住了，起身走向后面，停在正在看书的同学面前，似乎被书本上的内容所吸引。我劝他回位，不灵。对付这个孩子也得有一定的智慧。"我给你老师的书，你到自己的座位上看，好吗？""要跟他一样的那本书。"我为这个孩子有如此完整、准确、流利的表达感到吃惊。于是，他又安静地阅读"安全教育"。他很快翻到刚才同学读的那一页，指着没盖好井盖的道路"陷阱"图，想用笔圈画。我与他交流：这是危险的地方，要远离；这是别人的书，不能随便圈画；下次你带自己的书来，就可以自由圈画了。之后，他又指着"2008"问我："这是什么？""是2008年，就是9年以前"。孩子重复着我的话，还是很乖的。

第二天，我在楼道里碰到了小飞，他大声问我："老师，我表现棒吗？""很棒！特别棒！"于是，他追着我要紧跟……

愿追梦之路不遥远

我经常会怀着"焦虑、疼惜、痛心"等复杂的心情来思考和面对这样特殊的孩子。的确，与一些发达国家相比，我们的国情、经济、教育等都在一定程度上存在差异。作为特殊孩子的老师，我们有太多的纠结、无奈、煎熬与深深的担忧。对于特殊孩子的家长选择让孩子在普通学校随班就读这样的教育问题，多少人在不懈努力又左右为难——校长很重视对特殊孩子的关注，有足够的关于他们的安全与发展意识，但是普通学校没有特殊的岗位编制，人从哪里来，谁可以来专门照顾他？老师们的爱心与耐心已经令人称赞，他们也很心疼这特殊的孩子，在他身上已经倾注了超乎寻常的时间、精力和百计千谋的应对策略。假如再在这一个孩子的关注度上添加责任的砝码，教育的天平会出现可怕的倾斜，忽视了其他那 50 多个孩子实为罪过。安全办主任经常唠叨，这个特殊孩子的安全问题的确让我们天天提心吊胆、如履薄冰。

盼只盼，随着中华民族伟大复兴的中国梦的一步步实现，伴随经济的发展定会带来教育的更好发展，从硬件到软件，从财力到人力。更理想的人文社会中将充满着更加浓郁的人文气息，每一个特殊孩子都得到特别的关爱。

复兴之路，匹夫有责；追随梦想，你我同在。路之迢迢，我心恒坚；千里万里，蓝图在即。我们每一个人肩上的责任何其重啊！

"路漫漫其修远兮，吾将上下而求索。"我们都是追梦人，教师更是追梦人。为梦想而战，为特殊孩子的理想王国而奋斗！

这绝对不是口号，是实实在在的行动。

7

为孩子的生命成长插上双翼
——在 2009 年暑期家访活动中的宣讲

各位尊敬的家长朋友们：

大家晚上好！

今天，"广饶县同和小学暑期家访宣讲团队"来到咱们崔家堤村，面对各位父老乡亲，我特别高兴。大家为了孩子的事情走在一起，各自的身份有所不同，但我们有一个共同的心愿，那就是：希望我们的每一个孩子学得更好、飞得更高、生活得更幸福。所以，我今天跟大家交流的题目是《为孩子的生命成长插上双翼》。每个孩子都有两个生命：一个是生理的生命，高矮胖瘦、黑白丑俊各不相同，但一般是与生俱来的、难以改变的；一个是精神的生命，质量如何受很多因素的影响。我这里主要讲的是孩子精神生命的成长。

没有翅膀的生命

让我们再来听一听大家熟悉的小故事：《放羊娃》——

这是多年前一位记者在采访中与一个西北放羊娃的对话：

"你每天干什么？"

"放羊。"

"放羊为了什么？"

"挣钱。"

"挣了钱呢？"

"娶媳妇。"

"娶了媳妇呢？"

"生娃。"

"生了娃，让他干什么？"

"放羊。"

……

这个故事有点极端，让我们哭笑不得。假如还存在这样贫困的地区，还有像放羊娃一样的孩子，安于贫苦、安于无知、安于落后，安于最低层次的生活状态和生命质量，我们的内心是不能安宁的。因为，"生命的悲哀不在于有目标达不到，而在于根本就没有目标。"在那没有知识光亮闪耀的地方，生命便永远在"放羊——下一辈子还放羊"的循环中延续。

打个简单的比方，"课内学习"和"课外阅读"好比孩子生命成长的两个翅膀。像放羊娃一样的孩子就没有翅膀，这两个翅膀一个也没有。

根源何在？在父母，在祖辈，当然还有许多社会原因。不然，为什么同一个村子走出来的孩子不一样！如果你仔细观察一下就会发现，很可能孩子的爸爸妈妈文化素养、受教育的程度不一样。甚至从孩子的爷爷奶奶就不一样。有的爷爷奶奶注意卫生、关注学习，或者读书看报，或者听广播看新闻；而有的爷爷奶奶只满足于饿了吃饭冷了穿衣。怎样改变"放羊娃"这样的孩子的现状？靠政府——投入巨资建设学校并管理学校；靠教师（包括学校管理者）——通过学校生活，主要是课堂授课和课外活动培养教育孩子；更要靠家长——通过家庭教育和文化，提升孩子的校外生活质量、学习质量，即受教育阶段的生命质量。不然，为什么同一所学校走出来的孩子也不一样！当然，我们也不能否认，孩子的发展也会受到各种先天因素的影响。但总的来说，只有学校、家庭、社会拧成一股绳的和谐教育才能形成合力，才能使孩子们走向成功，走向更幸福的未来人生。

只有一个翅膀的生命

如果学生一步也不越出教科书的框框、只局限于学校里课堂上的学习内容，哪怕他临时学习成绩再好，也难以保障他对知识有稳定的兴趣。因为，只有经常阅读课外书籍，包括科学书籍、科普读物（例如百科全书等）、古典诗文、儿童文学读物（例如儿童版的名著、童话、神话、故事等），才谈得上对知识、对科学甚至对世界的万事万物感兴趣，进而产生浓厚的兴趣。所以说，只有课内学习这一个翅膀的孩子，也只能吃力地、无助地扑腾这一个不平衡的翅膀，飞不起来。

孩子的第一个翅膀（课内学习），是老师给他插上的，家长起帮助、补充的作用；孩子缺少的这第二个翅膀（课外阅读），是家长给他插上的，教师起引导、促进的作用。

有两个翅膀的生命

让我们再来听两个小故事，表达的是同一个观点，即：让书籍在家庭和学校里占统帅地位。

故事一：《愿伴藏书》——

著名历史学家麦考莱曾给一个小女孩写信说："如果有人要我当最伟大的国王，一辈子住在宫殿里，有花园、佳肴、美酒、大马车、华丽的衣服和成百的仆人，条件是我不读书，那么，我决不当国王。我宁愿做一个穷人，住在藏书很多的阁楼里。"

读书，这个我们习以为常的平凡事情，实际上是人的心灵和古今一切民族的伟大智慧相融合的过程。

作为正在上学孩子的父母，我们生活的世界应该成为书籍、阅读、思考的王国，深深地尊重知识、尊重科学和文化的王国。遗憾的是，经常会看到这样的情况：孩子所生活的家庭里有电视机、电冰箱、摩托车、电动车，甚至有空调和小汽车，但是却没有书籍或者有也少得可怜。这一切都是因为，书籍没有在人的整个精神生活中占首要地位，没有像火把一样从学校里放射出光芒，照亮每一个家庭。

故事二：《让阅读挽救每一个孩子》——

有一位优秀的数学教师，他教的学生没有一个不及格的。这位教师的创造性劳动有一个最突出的特点，就是他善于合理地组织学生阅读，包括学校阅读和家庭阅读，通过阅读来发展学生的智力才能。他教的每一个班的教室里、每一个孩子家里都有一个绝妙的小图书馆，班级图书馆里面有 100 多种书籍，每个家庭图书馆也有几十种书籍。这些书中，有很多是以鲜明的、引人入胜的形式来讲述他觉得是世界上最有趣的一门科学——数学的。如果没有这些书，他的某些学生是永远也不会达到及格的。例如，在教学方程以前，学生们就读了几十页关于方程的书，这种书首先是些引人入胜的故事，讲的是方程怎样作为"动脑筋习题"在民间的智慧中形成的。

问题不仅在于阅读能挽救某些学生免于考试不及格，而且在于借助阅读发展了学生的智力。孩子读书越多，他的思路就越清晰，他的智慧力量就越活跃。

有两个强健翅膀的生命

有了"课内学习"和"课外阅读"这两个翅膀，孩子是不是一定能飞得很高？这还要看孩子都读些什么书、读了多少书，家长的示范、引导、熏陶、点拨等起到至关重要的作用。

我接下来跟大家分享的小故事是：《阅读高层次的文化精品》——

陶继新教授是山东教育社总编、《中国教育报》记者，下面是他讲的一段个人经历，他说：

我有一个熟人，几乎是与我同时到济南工作的。某天相见，他百思不得其解地问我："1983年，我们初来济南的时候，你并不比我强。为什么现在超越了我这么多？"我说，我一直在读书。他说，他也一直在读书。我问他，你都是读什么书？听他一谈，我恍然大悟，他的阅读关注点是"情趣"，大多在"中""下"两个层面。我关注的是经典，大多在"上"的层面。于是，我笑着对他说："你读的书层次低了些，仅此而已。"

是的，作为家长，如果我们一味好奇，读那些没有太大文化含量的书籍，即使读一辈子，也不会提高，甚至还会走下坡路，对孩子的影响也绝对不会好。读什么样的书和交往什么样的人是一样的道理。试想，在现有的条件下，每天与高品位的人交往，你的水平可能是中等的；每天与中等档次的人交往，你的水平可能是低等的；每天与低素质的人交往，你的水平、素质一定在不知不觉中下降。读书一定要"取法乎上"。正如古语云：取法乎上，得乎其中，取法乎中，得乎其下。陶老师告诉我们：要读经典中的经典。读高尚的文章，等于与语言大师们对话，甚至心灵层面的交流，天长日久，文章（包括孩子的作文）也会越写越好。读书，就要读古今中外的名著，就要读美文。

家长朋友们，假如您有时间陪孩子读书，那是再好不过的事情；假如您没有充足的时间陪伴孩子、教育孩子、引领孩子，那么就让图书帮您完成这项艰巨的任务。只要孩子多读书、读好书、好读书，聪明的智慧、浓厚的兴趣、优异的成绩、进取的意志、高尚的品格等等，一切美好的东西都会从孩子的骨子里、从灵魂深处生长出来，并带给孩子未来生活的幸福和一辈子的快乐。

现在各位家长朋友一定对买书、读书有了一个大概的认识和比较强烈的愿望，但是不要急于让老师给您推荐书目，先根据你的个人理解和喜好来为你自己和孩子选择图书。建议各位家长在百忙之中，抽空陪孩子逛逛书店、图书超市，买几本正版好书，第一是装备一下您的家庭书橱，第二要真正地读进去。有了这样的基础，再跟老师交流，谈进一步大量阅读的事情。

一个人有没有文化修养，一个家庭有没有书香气息，一个家族有没有优秀家风，可以产生源远流长的影响。那么，文化修养、书香气息、优秀家风，就从我们每一位家长朋友中薪火传递，让我们的孩子成为最大的受益者，并世代相传，越传越旺。

一句话，读书的确是"功在当代，利在千秋"的事情。

让我们为每一个孩子插上一对强健美丽的翅膀，让每一个孩子展翅高飞！

谢谢大家！

2009 年 7 月 16 日
于崔家堤村大队部

8

"青蛙的哭声"

又一篇环境教育精品日记诞生了。我兴奋又欣喜的心情不亚于"捡到一个大银碗"。日记的题目是《青蛙的哭声》，内容是这样的——

2017年6月8日　　星期四　　天气：晴转阴

"春捕一只蛙，秋少一担谷"，青蛙绝对是上天送给人类的好帮手。它们白天捕食害虫，夜晚为人们奏起优美动听的乡间小曲……可是，当人们把青蛙当作美食时，又会怎样呢？

我们周围有许多"美食家"。可爱吃不代表什么都可以吃。随着一个个饕餮食客的诞生，随着山珍海味不能再满足他们的味蕾，人们又把目光转向了我们的好伙伴——青蛙身上。

每走进一些酒店，好像都能看到一道关于青蛙的菜。每次看到这些菜名，我都是一阵恶心。因为在我的意识里，青蛙肉是不能吃的。学完《当青蛙成为人们的美餐》这一课后，我不但恶心，还很可怜青蛙。它们辛苦地捕捉害虫，最后还要被吃掉。这可真是做好事没好报。我仿佛听到了青蛙的哭声。

"保护青蛙，我的责任"我们不能光喊口号，还要有行动。我要从自身开始，不吃青蛙，不捉青蛙。还有，最好在父母的朋友圈上发表一下关于"保护青蛙"的微信，一传十，十传百。相信看到消息的人们都会放下刀叉，保护青蛙，让青蛙继续充当"田野小卫士"。

日记落款是"五年级六班 商云烜"。读来，我不敢相信这每一句都是孩子自己写出来的。打开电脑，输入文中的"可疑"句段，反复搜索，结果一无所获。

我在几个妙句下面一一画上美丽的波浪线；又给了孩子"☆☆☆☆☆"（最高）的评价；然后另起一页写下这些文字：

郑老师由衷祝贺这篇精品日记的诞生！请把电子稿发我邮箱。评语何在？留给同学们吧……

八个班一个轮回把课上下来，这篇日记每每分享每每赢得喝彩。赞不绝口哇，羡慕不已呀，好评如潮啊！以下便是对商云烜同学日记《青蛙的哭声》的互动点评结果——

1. 题材新颖。用学生的话说是"不走常规路线"，不像许多同学那样从上课写到下课，而是从"青蛙的哭声"这一独特的角度展开话题。

2. 先声夺人。开头第一句就是"春捕一只蛙，秋少一担谷。"这一谚语，清新、巧妙、引人入胜。

3. 主题鲜明。通篇紧扣主题，围绕"青蛙的哭声"字斟句酌，无一多余的笔墨。

4. 拟人手法。把青蛙当作人来写，用"哭声"贯通情感脉络，扣人心扉。

5. 联系实际。童眼看世界，把人们"爱吃"、垂涎青蛙、酒店蛙肴等现象，十分自然地融入自己的描述。同时与时俱进，瞄准"微信朋友圈"的宣传效应。

6. 落脚行动。把课堂学习、接受教育的目标，定位于切切实实的行动，"不吃、不捉、宣传、保护"，着实难能可贵。

7. 价值取向超级棒。本日记正能量十足，教育功能相当强大，包括教育自己、教育同伴、教育更多的人。

在我2017年6月12日的微信朋友圈，有下面一条信息让精彩留存，同时分享了商云烜同学的"环境教育"受教日记《青蛙的哭声》手写版照片：

不如俯下身来，侧耳倾听孩子的心灵回音。精品日记再次惊喜诞生。

难道这不正是我们所要的一切吗？该学到的、该写出的、该做到的、该表达的，学生无所不有、无所不能，从课内到课外，从知识到能力，从纸面学业到价值取向……作为他们的老师，真的别无所求，只有无限的欣慰、骄傲、幸福和欢畅。

不禁一次次联想到朱永新所推崇的理想课堂的第三重境界，即：知识、社会生活与师生生命的深刻共鸣——

"知识、社会生活与师生生命的深刻共鸣"，其主要特点是："讲个性，求境界"。

如果说第一重和第二重境界更多地与知识有关，那么，第三重境界则更多地与生活、生命相融。在第三重境界，知识不再是一个死的体系，而是一个活生生的存在，并在激发起师生的强烈反响后，内化为师生生活、生命的一部分。

此处的"共鸣"，既有基于个体差异的个性体验，又有面对伟大事物产生的共鸣。这个阶段的理想课堂，从知识的丰收转换为生活的丰富、生命的丰盈。

这种转换是在人拥有知识、习得技能之后，通过回望、反思、顿悟而得以实现的。此时的课堂教学，不仅实现了知识及其背景的复现，而且激活了师生横向的生活与纵向的生命，实现了更高层面上的教育，正如雅思贝尔斯所说的那样，"教育就是引导'回头'即顿悟的艺术。"

9

心灵开花的地方
——"心灵对话"摘记

孩子们在我这位数学老师的"忽悠"下，每人建立了两个特殊的"作业本"，一个叫"心灵对话"，另一个叫"数学日记"。都是自己精心挑选的漂亮的高质量的软皮本。我的要求只有两个：这两个本子间周的周一各提交一次；完全自主自愿完成。只要交上来的，老师都会用心批阅、回复。

我的猜想一点没错，这种直抵心灵的书面交流形式，经常会让人欲罢不能，包括老师和学生们。

周一早上，休息了两天的师生，踏着轻盈的步子，带着满血复活的旺盛精力，去往校园，走进教室、办公室。我期待的是——今天的"心灵对话"要厚厚的一大摞，30本，40本……我担心的是——要开两节课的办公例会，要上一节课，要批阅完60本《基础训练》、60份随堂小测，人人一节公开课的听课任务，有时候还会有2节，还有突如其来的事情一二，不知什么时候才能翻开令人兴奋的一本本"心灵对话"，经营我的让人"上瘾"的自发"副业"，让魅力四射的"心灵之花"绽放笑颜。

同事们投来多情的目光——自找麻烦的郑老师，又在一笔笔耕耘、一道道勾勒。不嫌累吗？还嗜此不疲？我每每朝他们笑笑。其间的奥妙滋味只有我自己品味周详。用"磨刀不误砍柴工"不足以形容，我是在修炼学生的"内功"，是在激发学习的原生动力，是在焕发"授人以欲"的教育澎湃。目的还是想事半功倍，向最小的投入要最大的产出。充满智慧、喜欢捷径的自己才不会做赔本的买卖呢。

我引导孩子们在"心灵对话"的扉页写下类似这样的"前言"——

王雨轩（化名）同学这样写道：这是雨轩和爸爸妈妈、郑老师之间的心灵对话，让我们心心相印、共同成长，彼此抚慰心灵，相互传递快乐，牵手创造未来！

我会这样"忽悠"——

这里面最多包含6项内容：

何菲菲（化名）可以对谁说？

学生答曰：何菲菲对爸爸妈妈说，菲菲对郑老师说。

另外4项呢？

这帮小家伙儿从来不会让我失望：爸爸妈妈对郑老师说，爸爸妈妈对菲菲说；郑老师对爸爸妈妈说，郑老师对何菲菲说。

我又眉飞色舞地开腔了：聪明的同学呢，自己要说的说完之后，会把后面的提示语写上，加上冒号，并留下足够的空行给郑老师，也包括给爸爸妈妈。郑老师一看，态度这么诚恳，怎好意思不对你多说几句暖心话呢。假如你偷懒，郑老师更是求之不得，本来有做不完的事情，忙得只恨无分身之术，我正好稍微应付一下了事，省得累得我手臂痛、脑袋涨。假如有一个周一，我一本"心灵对话"也没收到，那可把我解放了，做完正事就坐在办公室里看报纸读闲书了哈。总之，你勤我就勤，你懒我也懒，我的手掌握在你的手中。

学生天真地笑，会心地笑，轻松地笑。

于是，下面来自"心灵对话"的摘记便情真意切——

董大伟（化名）

◇董大伟对郑老师说：郑老师，这段时间我们学习"图形的变换"，我觉得很有趣，在这快乐的时光里，我学到了很多知识，真开心。

郑老师对董大伟说：你是"今天比昨天好，明天比今天好"的孩子，是"天天向上"的孩子，老师很欣赏你。

◇董大伟对郑老师说：郑老师，我非常喜欢上你的课，在广播操训练这段时间里，少上了很多节数学课，我很伤心。

郑老师对董大伟说：谢谢你对数学、对老师这么深厚的爱。我一定努力上好每一节课，用心关注可爱的董大伟。

郑老师对爸爸妈妈说：看孩子成长是我们最快乐、最满足的事情。

◇董大伟对郑老师说：郑老师你好。这段时间我有什么不足？请您提出宝贵的意见。

郑老师对董大伟说：先说两点——第一点是，写日记、写对话尽量用标点，并尽量用正确；第二点是，做题再动脑、再细心点。当然这都是"好中更好"的要求。能接受吗？

裴令文（化名）

◇爸爸妈妈对郑老师说：您不失任何时机对孩子表扬、鼓励，使她对数学的学习产生兴趣，培养了她一个很好的学习习惯。

◇爸爸妈妈对郑老师说：通过与孩子交流，我们知道裴令文非常信任你、崇拜你，十分在意与你的师生情感，所以我们也感觉与你特别亲近。"亲其师，信其道"。孩子交给你们非常放心。

司冰冰（化名）

◇我对自己说：其实你是最棒的，因为你不知道，只要你认真学习，就是最棒的。加油，就会看到前方胜利的笑容。

我对郑老师说：郑老师您是一个细心的老师。因为您带了我们班，我们班的同学对许多事情都比以前认真了，我们也学会了许多知识。

郑老师对我说：老师很欣赏你对自己说的话。谢谢你对郑老师的夸奖。

如果你再活泼点就更好了。那样你会更快乐，更会开动脑筋，学习也会大有进步！

◇我对父母说：亲爱的爸爸妈妈，我非常喜欢你们。正因为这样，我天天努力学习，可成绩就是上不去，我真不高兴。

我对郑老师说：郑老师，我不明白，为什么我的成绩上不去？我好难过，请郑老师给我指点吧！

郑老师对我说：锅越大，开水就越慢。他们的锅小，所以很快就开了。但是你的锅大，得慢慢开。你现在可能不如别人，但你以后会比别人做得更好！你一定要记得，自信是成功的第一秘诀。只要自强不息，始终如一地努力，再多从同伴那里学习一些好的学习方法，你的成绩一定会大大提高的！滴水穿石，聚沙成塔。别着急，积累到一定的程度，才能品尝到胜利果实的甘甜。

郑老师对父母说：多给孩子信心；放大孩子的优点。

陶煜立（化名）

◇我对爸爸妈妈说：我现在的书写是不是好多了？应不应该受到表扬？我一定坚持下去，把书写搞好。

爸爸妈妈对郑老师说：郑老师，千言万语化作两个字"谢谢。"我深切地感受到，在孩子身上，您付出了太多太多。煜立是个个性很强的孩子，但他能感受到您对他的关爱，他很喜欢您。您注意多休息。

郑老师对我说：你有这么好的爸爸妈妈，老师为你骄傲。相信你的明天比父母、老师更成功、更美好！书写能这么出色，有什么事情能难住你呢？

郑老师对爸爸妈妈说：煜立是一个大度、大气的孩子，今后一定大有作为！

◇爸爸妈妈对郑老师说：您是一个有能力又很敬业的人。作为同行，我从内心佩服您；作为孩子的妈妈，我想您的言行会在孩子心灵深处播下美好的种子。

郑老师对我说：除了书写"好极了"之外，你在课堂上的表现也很有长进，例如桌子上不那么乱了，大部分时间也抬起头来听课了，一副严肃认真的样子，真好！

郑老师对爸爸妈妈说：让我们从点滴做起，从你我做起。培养一个健康、向上、优秀的孩子，不是一件容易的事，但我们甘愿为此不惜代价。谢谢！

◇我对爸爸妈妈说：我已经有10个100分了，换了一个大"奖"本，不错吧。

郑老师对我说：你进取的脚步让老师看在眼里，喜在心里。别松懈！

郑老师对爸爸妈妈说：你们付出得很多很多……相信，煜立永远不会让咱们失望。

方宇辰（化名）

◇方宇辰对郑老师说：多谢您培养了我数学方面的天资，我在此深表感谢，谢谢！

郑老师对方宇辰说：你是一个十分聪明可爱的孩子，你的学习成绩优秀，思维方式独特，对老师感情深厚……优点又多又突出。一丁点的不足也在慢慢改掉，老师天天为你喝彩！

◇郑老师对方宇辰说：这些日子你自己创造的快乐更多了，成功的喜悦也更多了，老师感觉轻松极了，也满足极了。

周天尊（化名）

◇周天尊对郑老师说：郑老师，当你说写"心灵对话"时，我想，能不能写数学以外的事呢？因为，我在数学以外也有许多烦心事。

郑老师对周天尊说：孩子，有什么烦心事都可以跟郑老师说，只有在交流中克服掉、消火掉所有的不愉快，你才能在快乐中遨游数学王国，实现自己一个个美好的愿望。

◇郑老师对周天尊说：一个喜欢数学、主动探索数学起源、小测验经常得 100 分的孩子，未来会有多美好！

老师送你一句话：酸甜苦辣都有营养。你的身体和精神组成了你骄傲的生命，而这旺盛的生命力无论是身体的还是精神的，都需要酸甜苦辣的营养搭配。你的妈妈为你搭配得好棒，胜过很多孩子的妈妈。

孩子，好好享受这生命的营养，老师好羡慕你，为得不到全面营养的孩子而羡慕。

李叶童（化名）

◇爸爸妈妈对郑老师说：郑老师，说心里话，孩子在求学道路上碰到您这样一位老师，我们做家长的除了高兴就是欣慰，人民教师所具有的外部美和内在素质，在您的身上得到了完美的体现，您的风度和气质征服了家长，也征服了每个孩子。对您的教育方式，我无可挑剔。只希望您这样的好老师让我们的孩子以后多碰上几个。

郑老师对我说：你各方面的出色表现让老师引以为荣。请记住：别太在意一次的成绩，往长远处想，放轻松点，这样或许会考出更理想的成绩。试试看。

◇郑老师对我说：今天单元检测，你怎么没来？老师好希望你健康、快乐地创造数学的奇迹。

徐心铭（化名）

◇爸爸妈妈对郑老师说：郑老师，你辛苦了。如果说父母是孩子最亲近的人的话，那么老师就是孩子心目中最崇拜的偶像。自从你教女儿班的数学以后，我女儿的数学成绩比以前有明显的提高，你风趣的语言、灵活的教学方式，调动了孩子对数学极大的兴趣。在你的教导下，孩子在一天天进步，如果她的成绩能保持稳定，那就更好了。希望我们携手努力，共创孩子美好的明天。

郑老师对徐心铭说：你的各方面在老师心目中都是那么美好，你是老师的骄傲。

郑老师对爸爸妈妈说：聪明又爱动脑筋，仔细又负责任，富有爱心和上进心。这么好的一个孩子，我们能不好好培养吗？谢谢爸爸妈妈！

◇爸爸妈妈对郑老师说：老师的教导是学生终生难忘的，是孩子走向成才的基础。你是航标、是灯塔。孩子的成绩是对你辛勤工作最好的回报。

郑老师对爸爸妈妈说：谢谢您的夸奖和信任。我对徐心铭的期望值很高，并坚信不疑。

10

飞翔

孩子
你的使命是飞翔
请先插上翅膀
莫要胆怯，更勿彷徨
老师始终陪伴近旁
试探，磨炼，向上
当你顽强，我必赞赏
终于
你高呼着冲向蓝天
喷薄力量，英姿飒爽
我欢喜，热泪盈眶
你鹏展的双翼胀满力量
或矫健，或轻盈
或丰满，或俊朗
或斑斓，或精美
或灵巧，或昂扬

大大小小，姿态万象

向着更高，向着更远

向着迷人的或者未知的前方

美哉，壮哉

我的孩子们

自由的你，长大的你

正微笑着向大地回望

为湛蓝的天空披挂出

最灵动、最华贵、最神奇的衣裳

——于 2020 年 6 月 16 日

第三辑　我的成长我的责任

　　教师工作的高效性或者低效性，都具有放大效应、翻倍效应。教师只有很好地在育人中自育，按时"长大"，快速走上高效教学、高效育人之路，才能让每一个孩子得到更好的精神灌溉。

　　做个理念通达、策略高明、光明温暖的教师，是我们一辈子的功课。

1

研修，让思想起舞

中国古语有云："学如弓弩，才如箭镞。"教师职业的特殊性注定了我们一辈子要在"教书育人"和"学习研修"的双重任务中度过。

自己深知，从登上讲台的第一刻起，就处在一个"呼唤好老师的时代。"因为，我们国家的教育早已从对教师的"数量依赖型"向"质量依赖型"转移，从呼唤"有老师"的时代向呼唤"好老师"的时代转型。

2017年4月，华南师范大学王红教授在题为《教师教育的范式变化与重心转移》的报告中指出：

教师教育的重心走向转移，即从师范教育向教师培训转移。4年的师范教育关注的是职前培养，是对潜在的未来教师"培胎"的过程；40年的教师培训注重的是教师职后的专业成长，是对现实的真正教师进行培育提升的过程。职前教育与职后培养并重。

"一物不知，深以为耻，便求知若渴。"作为教师，对此感受异常深刻。自己是何等幸运，参加过的教师培养培训活动数不胜数。无论在广饶县第一实验小学、广饶县同和小学，还是广饶县英才学校、广饶县英才中学，"走出去"与"请进来"相结合的研训方式，犹如一股股清泉灌溉着渴求成长的春苗，流进心田，滋润着我的教育之梦。困顿时，焕发教育激情；

迷惑时，探寻教育本真；徘徊时，指点教育航向；苦累时，品味教育甘浆；懈怠时，坚定教育理想。

北京研修，那年正青春

公历 1988 年初，农历腊月中旬，正值严冬。学期将末，寒气逼人，而自己婚期在即。此时，一个北京培训的通知让我兴奋不已，便毫不犹豫地迎着凛冽的寒风踏上征程。

在为期一周的培训中，我总是第一个来到条件还比较简陋的会场，找到最佳学习位置，如饥似渴地吮吸着新鲜的教育理念、厚重的教育经验、感人的教育案例、生动的课堂教学。"听、记、思"的结合使得参训过程异常丰富高效，接受专业培训的幸福感让自己时刻洋溢着甜美的笑容。其间，有的老师约我去登长城，他们恳切地说：来北京的机会很难得，错过了不知何时还有。长城是北京乃至中华民族的象征，"不到长城非好汉"。踏上长城神奇的石砖、眺望美丽的祖国疆域，何不是年轻的我遥远的梦想呢？但是自己的意志丝毫也没有动摇——"学习佳机不容错过，长城跟我后会有期。"我对自己这样说。

直到婚期前日，培训学习任务圆满完成，才踏上归程。带着北京培训的激动跟校长做了简单的汇报后，又急匆匆跟新婚的丈夫赶上了旅行结婚的客车。

一年后的 1989 年，我取得了一个很有分量的奖项：东营市青年教师基本功大奖赛小学组一等奖第一名，而且现场授课、论文撰写、卷面笔试三个单项的成绩也都遥遥领先。已有 5 年教龄的我，在珍惜培训时光的教育实践旅程中，个人的专业成长进入了令人振奋的快车道，公开课、优质课、研究课、观摩课，教材培训、新教师培训、班主任培训，在市县级教研活动中，经常会看到我充满活力的身影。

新理念，如雷贯耳的新世纪号角

2001 年的秋天，北师大的一次新课程培训，带给了我很多全新的感受。每每提及此事，我都会异常激动地跟同事说：真是如同上了一个星期的北师大数学系。

数学家讲座、数学《课程标准》编写组核心成员报告、新教材实验教师展课，一股股温暖而强劲的课程改革春风沐浴着激情万丈的自己。

返校后，一场认真践行新课标理念的数学教育改革在我所任教的二年级五班全面铺开。

> 激动着课改的激动，
>
> 幸福着课改的幸福；
>
> 迷茫着课改的迷茫，
>
> 感悟着课改的感悟。

每天都在这样的状态下工作、生活和探索。很是充实，很是豪气。每一天，都会面对不一样的自己；每一堂课，都会迎来初春的小芽萌生。因为是崭新的领域，所以另辟蹊径的艰难和振奋并存；因为是自己挚爱的事业，所以执着追求的奉献和收获同在。

"大爱"思想，由此传播

2006 年 10 月 8 日至 28 日，我作为山东省首届齐鲁名师建设工程人选 63 人中的一员，参加了华东师范大学承办的国内高级研修班，赴上海进行了为期三周的学习研修，分脱产集训和观摩学习两个阶段进行。集中培训的课程设置了 4 个模块共 13 门课：一是，理论知识和能力类；二是，教育教学能力类；三是，教师专业发展与自我成长类；四是，新课程改革及其评价类。先后聆听了华东师范大学王斌华教授、郭景杨教授、陆有铨教授、单中惠教授、李政涛教授、桑标教授、胡惠闵教授、屠荣生教授、王洁博士等专家的专题讲座，上海市教委教研室赵才欣主任、上海甘泉外国语中学刘国华校长等知名专家也为我们做了精彩的专题报告。我们还实地考察了上海市卢湾区第二中心小学、上海市闸北八中、上海市建平中学3所特色学校。其间，研修班成员进行了多次沟通碰撞和讨论交流。

整个研修过程充实而有效。本次培训班所接触到的专家讲座和上海教育，集中在教育管理、教育研究、教师专业成长等热点话题上，专家们敏锐的教育眼光、高远的发展视角、真切的系统演说，上海市基础教育超前的规划意识、扎实的科研作风、开放的国际视野、强烈的质量意识等给我带来了深刻的震撼，我们真切感受到，开阔了教育视野，加深了教育理解，明确了发展方向。在感到收获颇丰的同时，真正产生了驰骋教育舞台、干一番轰轰烈烈事业的冲动。

一遍遍想起高尔基的话："我扑在书籍上，就像饥饿的人扑在面包上。"专家的传授，比书籍来得更生动、更直接、更快捷、更高效，我绝对不会辜负一字一句、一分一秒。真的有"鱼儿在水里欢腾"之欢乐与滋润。

的确，参加这样高大上的研修，对于长期在一线摸索探寻、艰难前行的我，绝对不是一般的喜欢，恰是"久旱逢甘雨"的梦寐以求、如醉如痴、废寝忘食、如饥似渴。享受着极其丰盛的饕餮大餐，汲取着极其丰富的精神营养，如同驾乘专业成长之船，"带领着我从狭隘的地方，驶向无限广阔的海洋。"

培训期间我们每人写出了3000字以上的培训随笔与感悟4篇、考察调研报告1篇、10分钟发言稿1篇。我的4篇感悟题目分别是《做一位有思想的教师》《成长，快乐》《我的教学设计观》《榜样的教育力量》，撰写了《上海特色中小学教育教学情况调研报告》。

对于结业典礼上的发言，省教育厅领导的要求是：

1. 首先用一句话说出自己的教育思想是什么；

2. 不能念稿子；

3. 不能做经验介绍；

4. 真正的名师要跳出学科谈教育。

"作业"是开班典礼布置的。为此，一向好强的自己，真正是下足了功夫。带着任务听课，带着问题考察，带着目的读书，带着冥思苦想入眠。聆听、记录、追问、观察、整理、消化、撰稿、修改、润泽……21天，没有荒废点滴时间，没有放过大小机会，没有留下丝毫遗憾。

终于，自己在结业典礼上的发言《快乐成长在"大爱"的时空》让全场掌声雷动，因为大家的的确确看到了我"大爱的天空一片蔚蓝"——

　　　　放眼生命长路，不计一时得失；

　　　　放大孩子优点，悦纳他们不足；

　　　　生命需要营养，香甜苦辣俱全。

从此，我的"大爱"教育思想跨越了地域的界限、带着南北的风韵传播开来。

春风化雨南师大

第一次走进南京师范大学，是作为广饶县教学名师高级研修班的一员，参加了2012年6月24日至28日为期5天的培训。那篇洋洋洒洒的《专业生活的味道》由此诞生。

再次来到南京师范大学，是作为广饶县同和小学骨干教师高级研修班的一员，参加了2013年7月29日至8月3日为期5天的培训。开班典礼发言、结业典礼发言以及5篇用心动情撰写的研修日记，记载了精神的再次洗礼、理念的再次革新、思想的再次升华和专业素养的再次丰润。

多年来，一直喜欢南方人的温婉、细腻和精致，向往南方教育观念的高精尖，仰慕南方名家大师学术风格的深刻性、严谨性和延展性。两期共10天的南师大研修，国内一流教育学者与教授的讲座、一流名师名校长的报告，以及去往最优质学校深入课堂的体察，真正算是好好过了一把瘾。

对于这样"润物耕心"式的研修，自己始终是心所向、情所牵，永远都学不够的感觉让自己一直保持兴奋。春风化雨，润物无声；根深苗壮，土肥花红。如此这般的雨露滋润，不知下次是何年？

影子校长，一份厚重的馈赠

2014年11月16日至12月6日，根据教育部、省教育厅对校长专业要求，以及市教育局年度工作计划，本人有幸参加了为期三周的东营市第二期骨干校长影子跟岗培训研修班，进入嘉定区迎园中学、静安区静教院附属学校、新黄浦实验学校三处学校进行跟岗培训。

此次研修，依托上海优质教育资源，让我们每一位学员在真实的校园环境中，通过细致观察"导师校长"的日常领导与管理行为，参与学校主要工作，在对比、分析、研究学校的课程、教师、学生、制度、文化中寻找解决实际问题的途径，将自主学习与行为研究整合为一体。独特的培训方式使自己提升了现代教育管理理念和教育改革创新意识。这些，自身都在努力内化为具有自身特色的思想理念，从而付诸教育管理实践。三周的培训，我真切感受到专业能力的提升以及管理能力的增强。不断向优秀的专家型管理者迈进——这样的节奏让人感觉自己作为教育者正不断壮大、日益强大。

学习结束回校后，我拟定了撰稿提纲进行体会、感悟、思考，形成了共4个板块包含38个教育话题的文稿。其间，不辞劳苦制作幻灯片为自己所在的广饶县英才学校小学部全体教师做专题讲座《教育是一种智慧的修行》，"浓墨重彩"激情表达"终于看到了理想的课堂模样"的惊喜。该报告收到良多的评价和反馈，万分感谢领导的关怀和老师们的厚爱。

之后几年的教育教学生活，不断用"影子"校长带给自己的视野、观念和情怀来反思自己的教育与管理行为、反观周围的教育与管理现象，形成了多篇随笔。2016年6月，编印成书《教育是一种智慧的修行》；随后，对原书稿进行反复修订、不断丰富；2019年3月，重印《教育是一种智慧的修行——上海"影子"校长跟岗研修漫笔随思》一书。

"名师"之"名"应"名"在哪里？

一是"名"在信念坚定。

二是"名"在思想引领。

三是"名"在实践创新。

四是"名"在社会担当。

这些都是研修带给我的精神灌溉。就这样，怀着无比坚定的教育理想信念，努力让自己的思想行走在时代教育的前列，以引领自己也引领伙伴。在教育实践的肥沃土地上不断孕育新生、培植新绿、创造新机，为祖国为人类社会而勇敢担当起历史赋予自己的教育使命。

是研修，让思想起舞；是研修，让脚步铿锵。

2

师德是最好的德育

2014 年 11 月 16 日至 12 月 6 日的上海"影子"校长跟岗研修，德育是一个很重要的关注点。梳理学习所得，学校德育主要有四大途径——

一是教师关爱和尊重学生，即发挥师德的育人功能。

二是班级组成了一个道德空间。

三是课堂将道德价值纳入课程与教学之中，即课堂德育渗透。

四是整个学校创设了一种积极的道德文化。

上述四大途径中，学校抓住任何一条，都可以抓出成效。但个人结合自身成长经历，最大的感受是：师德是最好的德育！这显然是聚焦了第一条德育途径。

我一直很坚定地认为：教师的品行、人格、气质、仪表、学习和教学态度，这些特质都会反映在教师的行为上，包括有目的的教育行为、随机的言谈举止、与学生交流时的肢体语言等，从而构成一种教育的力量。而这种力量持续作用于学生，其强大是无与伦比的。

有人把道德的范畴限定为"尊重"和"责任"两大要素。教育有两个伟大目标，一是给人聪慧，二是教人高尚。德育就是教人高尚的教育过程。德育要赋予学生高尚的能力，这种能力的核心是恰如其分。而恰如其分的两大价值观是尊重和责任。法国哲学家斯蓬维尔认为，礼貌、忠诚、明智、节制、勇气、正义、慷慨、怜悯、仁慈、感激、谦虚、单纯、宽容、纯洁、温和、真实、幽默、关爱等构成了人类的18种美德。这些价值观的核心无一例外是源自"尊重"和"责任"。简言之，一个人只要学会了"尊重"和"责任"，他就学会了恰如其分的高尚，就会具备道德能力。

无论何种道德能力的形成，都不外乎两个关键性因素，一是潜移默化的隐性教育方式，二是外显行为的道德呈现形式。靠"传授—接受—练习—考试"的正式方式使学生形成道德能力，显然是天方夜谭。同时，"品德是行为而不是学问"的道德理念是经久不朽的良训。

无论是站在学会"尊重"和"责任"的角度，还是站在"潜移默化"中形成"良好道德行为"的角度，师德的育人功能都应是首屈一指的。经常回忆起我们小时候，是谁从根本上影响了自己的价值取向和行为准则？毫无疑问是母亲，是母亲这个最密切、最直接、最鲜活的道德范例。而同时，当我们走进学校大门，又是什么因素强有力的熏染学生的德行？当然是班主任、教师、校长、校工，那些直面学生身体和灵魂的尊长。所以，我们应该唱响德育主旋律——师德是最好的德育。

3

"救命稻草"现象

很久以来，我一直在思考一个十分现实的课堂现象：课堂上，教师与学生之间，究竟应该谁是谁的"救命稻草"？而今，在为期21天的上海"影子"校长跟岗研修班上，我找到了很理想的答案，有一种醍醐灌顶的感受，明朗、舒畅、兴奋，喜悦之情溢于言表。

通常，在我周边的教学教研活动中，尤其在许多人看来"面子"第一的参赛、研究、展示等公开教学活动中，这样的课堂比比皆是：教师在没有充分顾及学情的情况下，主观地按照自己的教学设计实施教学，随时抛出碎片式抑或是关键性问题。容易的、思维含量低的，或无意义的问题，泛泛地问、哄哄地答。难一点的、思维含量高的，或对达成教学目标有明确指向的问题，则时常会出现冷场、启而不发的尴尬局面。此时的教师，除了等待、追问、自己答出半截让学生接下茬，或直接替代学生回答之外，那就只剩下了两样本领：一是满脸通红地急出一身冷汗，二是热切盼望"救命稻草"的出现，哪怕只有一根也是"救火救场"的天大的宝贝！这"救命稻草"便是能回答出一二三的学生。普遍现象就是，这学生一旦答出教师所需要的内容，哪怕沾点边儿的答案，教师便会惊呼"聪明""棒"之类空洞的通用的表扬之词，接着不顾及其他学生的感受与认同度，一边倒吸一口冷气一边立马将此教学环节收兵大吉。"救命稻草"诞生于"危难"之际，留下了一丝痕迹，瞬间便消失在茫茫课堂，唯一的作用便是救了教师的"课堂关卡"之命，唯一的目的便是教师把设计走一遍、把流程演一遍算罢。学生的主体地位几乎荡然无存，多大的悲哀呀！

在上海的课堂，我看到了理想的局面，是自己的课堂教育理想之理想！可以说，是"救命稻草"双方角色的翻转。在这里，学生不再是教师的"救命稻草"，而在一定程度上，应该说教师是学生的"救命稻草"。仔细想想，的确是呀！学生是学习的主人，学情是执教的基础。学习障碍一旦横亘眼前，扫除的办法多多，但无论采取什么举措，学生永远是解决问题的主体，全体学生达成目标是课堂的终极指向，而绝对不是被一个学生的蜻蜓点水或教师的一带而过取而代之。再说解决问题的力量注入顺序也令人称道：

——学生个人自主学，向书本（包括网络媒体、实验器材等）学，独立解决问题；

——向同伴（包括小组群体、班级学科优尖）学，合作与互助解决问题；

——向老师学，包括老师的巧妙引导、启发、协助、讲解等。

诚然，教师是学生的"救命稻草"。最终目的当然是，学生自主学会学好，愉快达成目标。教师心中始终装载的是全体学生，是每一个学生的目标达成度。何况，很多时候、很多情况下，学生根本就不需要教师这根"救命稻草"呢。那便是很隆重的一个课堂奖赏、课堂理想。但学生一旦需要，教师责无旁贷，且适时、适度地发挥作用。谁不乐意做这样的"救命稻草"呢？哈哈，应该是乐此不疲才对。

于是，我很想再次重申自己的课堂学生观——

不让任何一个学生掉队1分钟。

密切关注学生"参与度、成长度、幸福度"的"三维"目标达成。

2014 年 12 月

4

让 "好好说话" 成为第一条家规

题记——

"我妈妈的优点有成千上万，今天我只告诉大家三个。第一个，我妈妈特别孝敬爷爷奶奶、外公外婆；第二个，我妈妈很喜欢读书；第三个，我妈妈很会夸我的老师。"

上述内容是齐旭涛老师传统文化讲座中的一个片段。通过孩子对母亲的几句夸赞，我们能够透视到哪些家庭教育理念呢？我想，至少以下几点很值得学习借鉴：

第一，孩子很会说话。很大程度上是源自孩子的家长（父母与其他长辈）很会说话。

第二，孩子很会给妈妈找优点。这肯定是在他（她）的家庭关系中，爸爸妈妈的夫妻关系始终被放在首位，爸爸经常在孩子面前夸妈妈，妈妈也经常在孩子面前夸爸爸。同时，看长处、夸优点，爱他（她）就要说出来，是家庭交流的常态。

第三，孩子的确有一个十分优秀的母亲。孝为先，书为伴，十分懂得师道尊严，充满了教育的智慧。这智慧，会惠及孩子的当下发展、未来前程，惠及家庭的兴旺发达。

的确，家庭氛围，是孩子生命成长的气场。我们要营造什么样的气氛，来涵养孩子幼小稚嫩纯真无瑕的心？如果家里天天冒怒气、寒气、怨气，孩子将会是生活在恐惧、寒冷、忧伤当中。家作为孩子心灵的港湾，却让他没有安全感。这些气息养着孩子的心，他将来不由自主从心里冒出来的一定也是怒气、寒气、怨气。姑且不说孩子长大后的能力本事大小，最起码的，哪个父母不希望他有一个和睦的家庭！有一项对孩子的问卷调查"你渴望有一个什么样的家"，大数据告诉我们的结果令许多大人瞠目——90%以上的孩子选择要"温暖"，而不选择家庭的硬件设施。让心温暖，是孩子的第一需求、第一愿望。

如何才能让孩子感受到来自父母的家的温暖？好好说话，应该排在第一位。

如何才算好好说？想起了逯国梅老师绘声绘色地用反面幽默表述的观点——

有个小朋友说："我妈妈一说话就皱眉，我爸爸一说话就大吼，我奶奶一说话就掐腰，我爷爷一说话就拍桌子。我看到听到的就是这样，这就是好好说话吧。"

苦笑中，交流中，大家很快就明白了好好说话的要素：表情上的和颜悦色，腔调上的柔声细语，心态上的心平气和，形式上的口语化表达，内容上的正向积极，再配合带有敬意的或给人温暖的肢体语言。如此，方能算得上好好说话。

人的素养包罗甚多，排在首位的当推语言素养。我们十分辛苦地打拼于职场，一天的劳顿尽管使我们蓬头垢面、身心俱疲，但是进家门之前，一定要先调整好自己的情绪、表情，调好自己的"气"，把快乐、阳光、温情、向上的一面带给自己的家人，带给我们可爱的孩子。一个在"好好说话"的温暖家庭里长大的孩子，会具有良好的语言素养，生存的能力自不会差，将来无论他走到哪里都是受欢迎的人。

一个人的命运是怎么来的？来自各自的信念系统，积极的信念系统成就积极的人生，消极的信念系统造就消极的人生。这信念系统，就是人的心。是人的心，决定了人的一切。

所以，我们一定要用最好的东西来养孩子的心，这首屈一指的好东西，便是"好好说话"。一个孩子在家庭中养成的沟通模式和说话方式，会渗透到他日后学校生活、社会生活、家庭生活的方方面面。

能好好说话是优秀的素养，是高级的家教。好好说话，认真聆听，平静而不冷漠，温和但不懦弱，坚定而不强硬。或许，这才是家庭成员之间最好的相处模式，也是给孩子创造的最好的家风。如果我们能赋予孩子这种原生背景，他将是何等幸运。

"良言一句三冬暖，恶语伤人六月寒。"好好说话，是利人利己的安全保障，也是悦人悦己的美好修养。从好好说话的家庭走出来的孩子，他们待人接物都会彬彬有礼，为人处世更为圆融周到，让周围的人与之相处非常舒服顺畅。

从我们自己这一代做起，惠及我们的下一代，让好好说话成为习惯，成为每一个新生家庭的标签。

从下一句话开始，我们都用心、用情、用理智去说。

让"好好说话"成为第一条家规，第二条、第三条、第 n 条家规也都会是滋养孩子心灵的琼浆甘露。

5

视野·眼界·思界

关于"视野""眼界""思界"，我对它们的基本理解是：

视野：眼睛看到的空间范围；观察或认识的领域所扩大的见识。

眼界：目力所及的范围；借指见识的广度。

思界：思考的深度与广度；思想的领域与范围。

我的观点是：视野决定了眼界，眼界进一步决定了思界。换句话说，即：一个人视野的大小，决定了他眼界的宽窄，而眼界的宽窄制约着思界的深度与宽度。

当然，一个人的视野不一定全是来自"世界那么大我要去看看"，各种形式的读书学习、不断丰富的个人阅历亦是开阔视野的有效途径。

记得听过一堂小学语文课《坐井观天》，至今记忆犹新，在于底蕴深厚、善于钻研、眼界宽阔、思维独特、思想精到的王健老师带给我们的课堂结尾，有"一语惊醒梦中人"之感。

课文内容如下——

青蛙坐在井里。小鸟飞来了，落在井沿上。

青蛙问小鸟："你从哪儿来呀？"

小鸟回答说："我从天上来，飞了一百多里，口渴了，下来找点儿水喝。"

　　青蛙说："朋友，别说大话了！天不过井口那么大，还用飞那么远吗？"

　　小鸟说："你弄错了。天无边无际，大得很哪！"

　　青蛙笑了，说："朋友，我天天坐在井里，一抬头就能看见天。我不会弄错的。"

　　小鸟也笑了，说："朋友，你是弄错了。不信，你跳出井来看一看吧。"

在听这堂课之前，我对"坐井观天"的认识是：坐井观天，系汉语成语，意思指坐在井里看天。用来比喻和讽刺眼界狭窄或学识肤浅之人。出自唐代诗人韩愈的《原道》："坐井而观天，曰天小者，非天小也。"

　　坐井观天这个故事告诉我们了什么道理？一般语文老师的课无非是上到这样的深度——

　　◇小鸟的认识是正确的，天很大，无边无际；青蛙的认识是错误的，天不只是井口那么小。

　　◇坐井观天这个故事告诉我们，不能用狭隘的眼光去看待世界，不然就会像井里的青蛙一样，把小小的井沿内所看到的当成是整个天空。

　　◇文章通过青蛙和小鸟对天的大小的争论，阐明了一个深刻的道理：看问题、认识事物，站得要高，看得要全面，不能像青蛙那样犯了错误还自以为是。

而眼下的这堂课使人眼前一亮，产生顿悟之快：

　　同学们：小鸟错了吗？（没有错，小鸟当然是对的。）

　　青蛙错了吗？（青蛙也没有错，它看到的天确实只有井口那么大。）

　　到底什么错了？（是位置错了，青蛙不应该只坐在井里看天、谈天。）

真是活到老学到老哇！孩子们能遇上一位好的语文老师，是多么重要！老师带给他的何止是语言文字本身的魅力，更有语文之外的生命启迪、人生感悟、处世哲学。而这一些，又来得那么自然、贴心。

我想，这错误的"位置"，便是视野窄小、眼界狭隘的根源。在错误的位置上，怎会产生正确的看法、认识和思想？只有在合适的位置，才能做出更加正确的决策并付诸正确的行动。

曾经听来的一个关于"视野"的观点，印象很深——

当你在村子里上小学，你的同学来自整个村子，你有的是乡村视野；

当你在镇上读初中，你的同学来自整个乡镇，你有的是乡镇视野；

当你在县城读高中，你的同学来自全县，你有的是县域视野；

当你在大城市读大学，你的同学来自全国各地，你有的是中国视野；

当你走出国门去留学，你的同学来自世界各国，你有的便是世界视野。

是的，只有见过太平洋，才知道它是如此深邃浩瀚；只有经历过万米高空中的伟大远航，才懂得苍生在宇宙中渺小如一粟。即使我们不能左右自己生命的长度，我们却可以通过不断地开阔视野、拓宽眼界，从而来延展生命的宽度，积淀生命的厚度。我所追逐的是，努力让自己的思考更勤勉、更深入、更周详，让自己的思想更丰润、更灵动、更宽博，如同日益修炼的无私情怀和无垠胸襟。

朝着更宽阔、更辽远、更高深进发，我们一生都在路上，有我们的脚步、眼睛和心灵紧密跟随。

6

享受挑战，开创9月

写在前面的话——

接到广饶县教研室领导的电话，邀请我给全县新入职的青年教师做个培训报告。我犹豫片刻，还是痛快地答应了。

一方面，眼下的自己实在是太忙了，用目不暇给、废寝忘食、夜以继日等词语来形容都一点也不过分。每天晚上几乎在做同样的事：把明天的任务细化并逐项列出，用写纸条的形式分配到人；然后做那些非我不可的事情，直到夜里12点。而每天早上睁开眼睛，就只有一门心思——"恨不得一下子飞到学校"。因为急于办理的事情太多太多，"孩子们都在等着上学"的感觉，着实让人心急，甚至心焦。这段时间，拒绝了所有的朋友交往，估计姐妹们被我得罪得不轻。她们一遍遍反问我：你再忙，也要吃饭不是？局外人哪里知道：我每天穿梭于工地、操场、教学楼之间，蓬头垢面不说，每一秒的时间都要掰开来用，怎会拿出一个甚至几个小时去吃一顿饭？去了也坐不住，人去了心也会留在学校哇。这种情形下，我又如何有时间有思绪去准备一个报告？面对新入职的年轻教师，那可不能有丝毫的马虎。

而另一方面，自己作为众人眼中的"名师"，培养年轻教师、发挥应有的引领辐射带动作用，是自己义不容辞的职责。我实在说不出回绝的话。

硬着头皮领下了任务，便会义无反顾、追求卓越、舍我其谁是自己的秉性所在。最终的结果只能是自己再苦一把，传递出十足的能量给小伙伴们。

于是，本文诞生。

于是，一篇题为《经历是财富，挑战是享受》的PPT报告稿精彩呈现，受训者无一不入心、动情。

落笔，便记起在上海培训时华东师范大学胡惠闵教授的赠语——不断挑战自己的能力极限。回眸8月22日至9月16日短短二十几天的生命历程，万千思绪，百转千回，凝聚成储满汗水、智慧与喜悦的两个字——挑战。

挑战常规

一所崭新的学校成立了，相关文件是这样陈述的：

设立广饶县同和小学，为县教育局直属的社会公益类事业单位，正科级，内设办公室、教导处、总务处3个股级内部机构，暂核定编制35名，人员结构为管理人员7名、专业技术人员27名、工勤人员1名，可配备校长1名、副校长2名、工会主席1名，内设办公室、教导处、总务处各可配备主任1名，经费形式为财政拨款。其业务范围是，承担小学义务教育阶段教育、教改、教学任务。

8月22日下午，我接到通知，到教育局参加了同和小学的交接会议，作为同和小学唯一的领导班子成员，以教导处主任的身份临时主持工作，接收原城里小学、宋王小学。

我彻头彻尾地认为，这是个莫大的挑战，它打破了常规，也完全超出了自己的想象。没有法人学校公章不能刻、电话不能装；财务冻结没有 1 分钱可以花，只能自己垫付或临时赊欠；没有 1 把椅子可以坐；没有一口水可以喝；最为难的是没有电脑用来办公……

但是，有教育局领导和开发区领导的热切关怀和真诚帮助，有原宋王小学、城里小学的两位老校长的同心同德、鼎力协作，有 37 位在职员工的一呼百应、全身心投入，使得各项工作在艰难前行与高度奔忙中顺利开展。

当 9 月 1 日开学第一天，县教育局和开发区的领导来看望新学校的新学生，听到琅琅的读书声露出会心的笑容；当社区的孩子家长纷纷要求尽快将孩子转入我们同和小学；当学籍管理会议上教育局领导点名表扬同和小学的办事效率；当各级领导对我的工作全面肯定；当年老的教师兢兢业业、年轻的教师早出晚归，全体同和员工激情满怀、爱校如家……

当所有美好的愿望变成了现实……

打破常规，挑战常规，别样人生价值，别样美好滋味。

挑战经验

在我的人生履历中，主持学校的全面工作，尤其是把一个新学校经营起来、运转起来，是一个前所未有的挑战。比如教学、办公用品的配备，比如教师办公桌椅、学校的电铃喇叭等音响设备、教师的备课本听课记录、各种教具卫生工具等等，大到垃圾箱自行车棚，小到教室门牌粉笔板擦，都得计划购置、联系商家、逐一签收。

经验是宝贵的，它可以使我们轻车熟路、游刃有余；挑战更是宝贵的，它可以让我们在超越自我中享受战胜困难、无所畏惧的成就感，无可替代的幸福感。

挑战时间

从 8 月 22 日到 9 月 1 日，短短一个星期的时间，把空楼房变成让领导放心、令家长满意、孩子们宜生宜读的学校，这绝对是时间的挑战，是不停歇的赛跑。

当时，新一年级孩子的信息还没有最终通过教育局审定，当然入学通知还没有拟定、填写和分发，二至五年级的学生还没有编班，教师的任课安排、各种制度等全是空白。

于是，我成了一个十足的计划者加忙碌家。到8月31日晚上10:00，完成间房5个，教学楼合理布局，学生课桌凳与讲台到位，教师办公桌椅与电脑就绪，接待室与基础功能室配备齐全，所有杂草清除完毕，厕所投入使用，校车车位划分明朗，家长接送区域合理划定……总之，硬件建设按计划全部完成。

与此同时，时间表、课程表、教师任课安排表、楼层值班安排、阳光大课间教师带班安排、卫生区划分示意图等等，就连"致家长的一封信"也准备停当。

如此，才确保了按时开学、有序运转、高点定位、赢在起点。

一周的工作在极度忙碌中很快结束。

紧接着，9月5日开发区和教育局的领导做出部署：9月10日举行隆重的庆典——"广饶县同和小学落成典礼暨教师节庆祝活动"。又是一次时间的挑战：请哪些单位的领导，准备哪些议程，布置怎样的场面等等。开发区、教育局、庆典公司、花卉公司，在紧张有序的教学之余，学校似乎变得热闹起来、红火起来。

9月10日清晨，同和小学的气象是——高空氢气球与红色条幅，盘龙华表与拱门，铺满红地毯的主席台与漂亮的主题背景，200面彩旗插遍校园四周。音乐老师带领孩子们排练了3个精彩的节目，正在化妆。在绿树和花草还没有长好的光秃秃的校园里，这些丹眉红唇的孩子与飘逸的裙装、头饰及花伞等道具都显得格外抢眼。

县领导为学校剪彩，100多个单位的领导、嘉宾前来祝贺。备受瞩目的崭新的同和小学一片欢腾,在它投入使用的第一个教师节迎来"满堂彩"。

我和 40 名同和员工一起见证了同和小学盛大的落成典礼,我和 40 名同和员工一起见证了 17 个教学班从无到有的辉煌历史,我和 40 名同和员工一起见证了同和学生 15 天内从 670 名到 770 名的壮大过程。

至 9 月 16 日,学校其他班子成员到任,学校没丢一砖一瓦,学生没伤一根毫发,校园井然有序,教工意气风发。圆满完成临时主持人使命的我,长长地舒了一口气,美美地享受着二十几天的挑战带给自己的别样情怀,完全是一个胜利者的畅快!

享受挑战,开创 9 月。我的体会依然是:任何经历都是自己成长的宝贵财富;追逐理想是艰辛的,专业成长是快乐的,梦想开花是幸福的。

"长风破浪会有时,直挂云帆济沧海。"明天必将更加美好。

于 2008 年 9 月

7

领略幸福，超越规范，自我实现

——教师专业成长三境界

加强教师队伍建设、促进教师专业成长，是教育科研永恒的话题，更是关乎学校管理水平的重头戏。目前，在实施素质教育、规范办学行为、落实课程方案的新形势下，教师专业成长又具有更加重要的意义，因为"一所学校的办学质量，说到底是教师的质量"，优秀的教师队伍是教育事业健康和谐发展的重要保障。

站在更高的一个层次上，教师专业成长应该拥有以下三种洒脱的境界。

一、领略幸福

（一）第一层面：拥有幸福

1.感恩之心，知足情怀。

"感恩者多福，知足者常乐！"我们在拥有每天连轴转的忙碌的同时，也同样拥有令人羡慕的大礼拜、节假日，更何况当今世界有几个行业几个人不忙碌？我们在拥有高标准严要求的同时，也同样拥有相对稳定、比较优厚的经济待遇，环顾周围又有多少群体在眼馋我们每每骄傲不已的薪水？我们在拥有孩子的淘气、家长的挑剔的同时，也同样拥有他人几十倍、几百倍、几千倍的爱……

2.高境界、远追求、大愿景。

什么是幸福，永远没有一个统一的界定，相同的生活境遇，同样的处境，不同的境界便会产生不同的个体体验。在此人眼中会倍感幸福，在彼人眼中或许会深感痛苦，充满沮丧。不同的幸福感和幸福观都取决于不同人的生活态度、生活价值观和心境心态。

幸福与快乐是一种心理感受，同时也是人生的增亮剂、保鲜纸。幸福不幸福、快乐不快乐关乎人的生命质量。我一直骄傲地认为：

> 教师得天独厚地拥有快乐的资本，因为每天都在"看成长"，看学生的成长，看自己的成长。如同粮农看到春天的麦苗，菜农看到夏天的菜园，果农看到秋天的果林……看成长是多么快乐的事情！

我在"教育日记"中这样写道：

> 我有蜡烛的光明，但没有蜡烛的悲哀，因为我在照亮别人的同时也照亮了自己。我从没有因为"传道、授业、解惑"而失去什么，却因此而得到了许多。教学相长，我和学生一起成长。成长是我快乐的源泉。

我还记起了这样的一句名言，"人生有两大快乐：一是被一个梦想萦绕着，二是当你实现它时。"回味我们的教坛春秋，我们每天都被梦想萦绕着，那就是一个个孩子生命的成长。这些平凡的成长已足以让我陶醉于它的伟大。因为，实现这一个个小小的梦想，便让教师和孩子们的生命焕发出最美的情感——那就是成长的快乐、成功的幸福！

神圣的事业、美丽的诉求。这些决定了教师的精神的富足和心灵的幸福。

第二层面：感悟幸福

想起一位台湾老板的对联："人心向善，福虽未至，祸已远离；人心向恶，祸虽未至，福已远离。"幸福要靠我们用心去经营、用灵魂去感悟。

幸福是人生的主题。只有感到幸福的人，其人生总是快乐和阳光的。

新的、科学的教师职业观要求将工作与生命信仰的实现完全融为一体，在工作中体验爱与美、意义与永恒，转换到意念上说就是在工作过程中获得一种职业幸福感。

教师的职业化素质中最核心的组成部分就是职业道德，即师德。有人把师德精辟地概括为这三条，即"热爱与公平""服务与奉献""理想与牺牲"。

把教师这门职业当作是自己终身的事业而不仅是在找个饭碗；把教师工作当作一种创造性实现自身价值的舞台而不是一种负担；把工作过程中产生的酸甜苦辣当作是幸福快乐的一部分而感受着，从不为委屈、劳累、误解而烦恼。在我们心里，工作是美丽的，忙碌是愉快的。教师不是什么不平凡的人，我们仅仅是把教育当作从事的最崇高的事业的职业，而且为此事业发展尽着本职的责任和义务。在此过程中，不断感悟事业的价值内涵，体验生命的幸福。

第三层面：享受幸福

我们需要的是，在平凡、烦琐中不断汲取幸福和快乐的元素，并尽情挥洒享受。快乐，是能力，也是习惯。

对于教师来说，是否能时时处处感到幸福是很重要的，因为这不仅仅影响着自己人生是否快乐，更影响着学生，只有教师幸福，学生才会感到幸福。事实上很多教师在享受着教育、体验着幸福，我们以多元、多姿、多态的幸福观，诠释着什么是教师的幸福。

1.享受课堂。课堂是教师生命最重要的阵营，一个懂得享受上课的人，课堂便自然会成为其享受幸福的重要舞台。营造一个充满生命活力的课堂，和学生一起成长、一起欢乐，你就会少了许多教学的焦虑和烦恼，同时多了许多花苞绽放的欣喜、生命历程的感动、心灵成长的温暖。这一切就是来自课堂的幸福！

2.享受学生。教师职业幸福感最重要的源泉一定是学生的成功和他们对你的真情回报，影响教师职业幸福感的许多不利因素都可以从学生对教师的尊重、理解、感激中得到弥补。但要让学生感恩你，你就必须学会感恩学生、呵护学生、尊重学生。真正做到这点并不容易，但如果你只知道权威，那也许你会离幸福更远。

3. 享受自己（成长的喜悦）。

引领教师懂得研究教学和职业规划。对自己要合理定位，科学、适切、符合自己的最近发展区，在动态变化中不断提升的目标是自我价值实现的重要前提，自我价值的不断实现是人勇往直前的不竭"内驱力"。过高的目标定位容易让人因体验不到经常的成功而沮丧。教学研究中带来的新鲜感和自身不断进步的成就感是带来职业幸福感的催化剂。

学校要帮助教师不断体验研究成功的快乐——

◇把教师的兴趣，爱好，特长和教学经验给予放大并聚集于课题研究中。可以通过深度交谈发现实践成功的缘由，并及时加以提炼，使教师感悟到自身的经验可以这样上升为理性认识。

◇要组织灵活多样的交流与展示活动，为教师创造更多显露才华、展示个人研究成果的舞台。

◇在研究实践过程中，专家或管理者对教师应有的态度是：成功时鼓励，困惑时疏导，失败时商讨。

4. 享受生活。

工作是我们生命的一部分，生活也是我们生命的一部分。幸福不仅仅来自工作，更来自生活。对于教师来说，事业家庭双丰收很重要，这是人人应该有的追求，因为家庭是社会的细胞；对于教师来说，工作和生活两不误很重要，因为没有健康积极的生活状态很难保证有良好的工作状态，斗志更无从谈起；所以说，开朗豁达的生活态度、积极高雅的生活情趣很重要。家人、朋友、闲情、雅趣是幸福生活不可或缺的。工作再忙，也要学会舍得去买些喜欢的书、买件心仪的衣服，和家人、朋友一起去聚聚会、会会餐、旅旅游。

◇链接《我们需要提倡什么样的师德》文章片段——

　　希望下一次师德报告会上，优秀教师们在谈了可圈可点的教育工作的同时，也能谈谈自己健康的身体、幸福的家庭，谈谈孩子欢乐的笑声，谈谈父母舒展的眉头，节假日一家人其乐融融的动人气氛，让我们真正感受到你们发自内心的自豪和骄傲！

上述内容，已经不是一家之说，因为该观点更理性、更客观、更贴心，所以更时兴。这样的优秀教师大家才敢学、愿意学，我们的报告才产生积极的影响。若相反，那是我们每一位领导、每一个教育工作者十分不想看到的。

"伟人志，平常心！"这是我最喜欢说的一句话，因为，"伟人志让人成功，平常心使人幸福。"就是这样的追求，让我用坚定、用心灵、用从容演奏着"爱"与"责任"交响曲的每一个音符，让我教育生命的每一天都歌声悠扬，用幸福诠释成功，以平凡孕育伟大。

二、超越规范

（一）文化管理——超越规范的教师队伍管理第一诉求

现代学校发展是一个由凭借"校长能力与魅力"的"没有规范"到依靠"学校管理制度与机制"的"建立规范"，再到通过"学校文化与价值追求"的"超越规范"的发展过程。文化管理作为现代学校发展的崭新理念，是超越规范管理的学校发展诉求。

凭借"校长能力与魅力"的学校管理与发展，主要靠校长的个人素质。人们常说，"一位好校长就是一所好学校"。这种没有规范的学校管理十分看重校长的能力和魅力，往往把学校的发展系于校长身上。但任何校长都会有缺陷和不足，有时会影响学校的发展。因此，仅靠校长个人的能力和魅力是难以从根本上保证学校持续发展的。

依靠"学校管理制度与机制"的学校管理与发展，主要是通过建章立制，进行规范管理。规范管理是一种制度和机制管理，学校的一切发展行为都是在制度的框架下的规范运作。在学校管理中强调加强常规管理，注重学校制度建设，就是一种学校发展的规范化和制度化的追求，是学校发展的"必然"诉求。

通过"学校文化与价值追求"的学校管理与发展，主要是学校要创建一种有效的学校文化，实行超越规范的文化管理。学校文化是由学校全体成员共同培育和遵循的价值观念体系、行为准则和工作学习作风的总和。学校文化管理，是学校管理理念变革的要求，是学校管理制度创新的呼唤，是学校师生生命成长的内在需要，也是学校可持续发展的必然趋势。学校文化管理包括知识管理和组织文化管理两个层面，涉及管理者文化、教师文化、学生文化和物质文化、制度文化和精神文化等基本内容。但从根本上来说，学校文化管理主要是对学校成员的共同价值判断和价值取向的管理。

学校文化管理不是排斥和否定"校长的能力和魅力""学校制度和机制"在学校管理中的重要作用，而是内含着两者的本质意义，并使其得以提升和发展，进而实现学校管理的超越。学校文化管理作为超越规范的现代学校发展诉求，它需要学校全体成员共同创建，也需要有多种机制加以维护和固化，更需要通过持续变革不断催生新的学校文化。

（二）专业引领——超越规范的教师队伍管理第二诉求

进入21世纪以来，"学校教育科研""校本研究""教师专业化发展""学校内涵发展"等名词频频出现，并成为广大校长教师耳熟能详的"口头禅"和"行动纲领"。

"专业引领"说到底是先进的教育理念、理论、方法和经验的引领，既有"显性的专业引领",也有"隐性的专业引领"。我们不妨把看得见、摸得着的专家指导,看作是显性的专业引领;而把没有专家的直接指导,校长教师运用先进理念、理论指导教育实践,看作是隐性的专业引领。

教师的专业发展不仅仅是业务能力的发展,还有人格的健全。完整意义上的专业引领,理应包括实践文化的影响,即还包括他们的职业道德、科学态度和敬业精神等人格魅力的影响和引领。

专业引领的主要形式至少应包括:

1. 学术报告、科研讲座。

2. 专家的"坐堂咨询"。

3. 研修结合的专题培训班。

4. 请专家进行课题论证、成果鉴定。

5. 专家与教师的合作研究等。

专业性引领,不仅出成果,而且出人才。一批教师在教育科研的实践中,教育理念、科研意识、研究能力、理论素养显著提高,教育教学水平大幅度上升,自己成长为专家型教师,成了教育科研的行家,承担起了学校教育科研的引领、指导任务。用老师们的话来说就是:"自己是在被指导和指导他人的过程中发展和成长的"。

三、自我实现

心理学家马斯洛认为,人的需求共有五种,它们包括:生理需求、安全需求、社交需求、自尊需求、自我实现需求。人的需求是分层次的,前一种需求的满足是后一种需求产生的条件;人的行为不是由已经得到满足的需要决定的,而是由新的需要决定的。

在几年前的一次培训活动中,就听到过对调动教师的积极性的独到见解:

熊着干——不行,行不通。

买着干——适合有第一层次需求"生理需求"的教师。

哄着干——适合有第四层次需求"自尊需求"的教师。

五种需求中，自我实现需求是最高级的需求，它指充分发挥人的潜能，实现个人的理想、抱负。这是人类崇高的理想。自我实现需要包括两个方面：一是胜利感，二是成就感。在自我实现层次中，人是以实现自我而行动的，所以最能表现人类的生活方式。人类的梦想和最终目标是实现真、善、美，是为他人和社会带来福祉。

教师群体中的一些成员，具有较强的工作能力或有一技之长，他们有满腔热情，希望在团队中大显身手，展现自己的能力。

对于这类教师，学校管理者可以根据学校发展的实际需要和教师的个人意愿分配给他们一些挑战性工作，或安排他们作为学科组负责人、课题组负责人或年轻教师帮带人等，让他们在工作过程中实现"自我展现"的愿望，产生良好的情感体验，进而完成更好的发展，带动学校事业的发展。

"领略幸福——超越规范——自我实现"，教师专业成长的三种美好境界，也是我们追求的高境界。

于 2011 年 7 月修改

8

"让每一面墙壁说话"的乱象解读

早在 20 世纪中叶，苏联著名教育实践家和教育理论家苏霍姆林斯基就说过："要使学校的每一面墙壁说话，发挥出人们期望的教育功能。"到 21 世纪初，"让每一面墙壁说话"则成为国人进行校园文化建设的重要准则。许多学校纷纷实践这句话，最终的效果是：重视校园文化建设的学校管理者，争相将自己的学校打造成"让每一面墙壁都说话"的文化校园，乃至楼梯、管道、地面、消火栓等也都纷纷在说话。浓郁的校园文化氛围冲击着每个人的视觉神经，可以说异彩纷呈，让人眼花缭乱。这便在一定程度上实现了管理者所期望的目标：有内容、有美感；我不必开口，自有墙壁在说……

这当然没有错，我们应该承认这样做好之又好。但是，我所思考的重点是下面的 4 个问题：谁在说？怎么说？说什么？说给谁？

一、谁在说

其一，国家权威与国家最高教育管理机构在说，说社会主义核心价值观，说教育方针、政策、规范等。内容应该包括，学校管理规范、国家课程方案、教师职业道德规范、学生守则规范、学生核心素养等。因为学校的校长执行的是国家的意志，肩负着为社会为国家培养未来建设者的神圣使命，上述种种作为学校文化的一部分，每一位学校管理者都责无旁贷。

其二，学校管理者在说，当然要说管理理念和办学思想等。每个校长所管理的学校，都有各自独特的办学宗旨、发展愿景、治校方略、培养目标等，三风（校风、教风、学风）、一训（校训）、学校精神更是各有千秋。如何让教师学生知晓、践行，呈现出独特的校园文化是我们必须思考的问题。

其三，名人名著历史文化在说，说真理、说警句、说经典、说科学、说史料等。在学校整体办学思想统领下，学校文化的设计和呈现，无一例外会纳入上述相关内容，或知识性，让人熟识；或激励性，催人奋进；或警示性，教人自律；或公约性，与人共勉。

其四，教师在说，说方案、说心声、说期望、说寄语等。活动公示、作品展示等，重在教师群体中的分享与沟通；辅导员寄语、班主任寄语等，主要是施予全体教育对象即学生的教育理念、准则、期许、信条等；功能教室、专项教室、活动场所等处所呈现出的特色文化，一般是站在学科教学、专项教育层面，教师对学生的言说。

其五，学生在说，说童年生活、说未来梦想，在正向的思想领域自由表达、纷呈绽放。学生应该成为校园文化（包括班级文化）"七嘴八舌"说话主体中最核心、最关键、最有资格、最高频率的发言人。班级公约，本班全体同学的约定，说与每一个人来遵守、去努力。笑脸墙，学生们的开心墙、幸福墙，播下微笑的种子，传递快乐的信息，缓解学习的压力，酿出幸福的琼浆，可谓墙也灿烂，人也灿烂。学生的实践照片在说，绘画作品在说，发明创造在说，获奖证书在说，日记作文在说，甚至，学生推荐的故事、美文、图书、画片等，都代表着他们各自的心声在说……习字阵地一张张贴上、加厚，成长进步的足迹清晰极了；"养正之星"专栏月月更新，养成良好的学习习惯行为习惯已遍地开花；小记者站、美丽数字国、选课走班长廊、集卡晋级擂台赛、读书小达人、跳绳升级赛……孩子的天地无限广阔，孩子的平台尽情展现，孩子的发展不可限量。

二、怎么说，说什么

关于怎么说，包括说（表达）的形式、策略、流程等诸多元素。当然，这里充满了文化形成、形态与生态的辩证法。应处理好如下辩证关系——

一是，完美呈现与导引解读之间的辩证关系。

有这样一个故事：

> 一位著名的医科大学的教授，在新生入学第一天，把一幅《人体解剖图》挂在教室的墙壁上，然后开始讲课。学期结束，期末考试的内容就是这张人体解剖图，让学生写出人体各器官的名称并标明位置。学生拿到试卷后，目瞪口呆，抱怨教授考非所讲，交了白卷。

这个故事告诉我们一个事实，挂在墙上的东西，未必有人看，甭管时间多久，内容多重要，版面多醒目。许多情况下事实的确如此。很多学校耗费大量的人力、物力、张贴悬挂管理理念、格言警句、校规校纪、安全标语、防病常识等，把校园装扮得五彩斑斓，结果如何呢？学生大都视而不见。在"班级公约"中，"节约水电"的字样赫然醒目，但大课间、体育课，乃至放学后，教室里空无一人，可很多班级仍然灯火通明、电风扇飞转、"班班通"多媒体屏幕大开。由此可见，让墙壁说话绝不能一贴了之！简单地贴贴画画，充其量是把白墙变成彩墙，根本收不到理想的教育效果。那该怎么办呢？要引领督促，让学生阅读感悟。

比如班级文化栏，每个教学班都有，创作者很认真，内容也很精彩。但有的学生对板报不感兴趣，连看都不看。一种举措是，让每个孩子都有阵地，让他们在参与中去关注、比较，在阅读别人作品的同时也在接受同伴的检阅和评价。另一种举措是，每次大面积更换板报内容之后，班主任利用班会课，专门拿出时间，让学生们看板报，谈谈自己的思考和收获，指出优点与不足。虽然可能只有短短的十几分钟，但板报的内容已为学生所重视、所了解，因为有足够的热情投入，教育效应由此得以彰显。

再比如班级信息牌，我校每个班都有自己的班牌，上面有班主任及班级命名、管理目标、班主任寄语、集体合影等信息，班级提供内容，学校统一制作安装。如果不充分利用，班牌只是一个牌子；如果充分利用，班牌就是班级精神的凝聚点。有一位班主任新接手的班级，学生成绩不够优秀，各方面活动效果也不理想，有些学生不太自信。于是，他把班级目标定为"用行动证明我的灿烂"。班主任寄语是"每个人的光芒都与众不同，只要你努力发光"。在班会课上，班主任带领大家对班牌内容进行了解读——

> 进入新学期，新的赛程开始了！讲卫生的孩子，会发出清洁之光；爱读书的孩子，会发出博学之光；善锻炼的孩子，会发出健美之光；爱唱歌的孩子，会发出音乐之光；喜欢小实验小发明的孩子，会发出科技之光……只要你认准目标，努力向前奔跑，你完全有实力赢得比赛，取得成功，光芒万丈。行动起来吧，孩子们，不要再有任何的迟疑，要用行动证明你不普通，你本灿烂！

经过这样的解读，学生们对班级目标、班主任寄语有了更深刻的认识和理解，班牌成为班级精神的凝聚点，它像一个无声的老师，注视着、提醒着每一个学生。新学期结束了，本班学生用优异的成绩、不凡的表现，证明了各自的灿烂。班级之星展示台中，孩子们各自精彩的脚印、耀眼的光华，也足以吸人眼球、催人奋进！

引导学生阅读理解的过程，就是吸收、领悟、内化、升华的过程，只有经过了这个过程，"让每一面墙壁说话"才成为可能！

二是，前期规划与随机生成之间的辩证关系。

前期规划是框架，是宏观的蓝图；后续的互动是添加、更新、变迁、生成。后者是过程也是结果。规划是多维的、大布局层面的，作品（材料）是少的、薄的；互动的添加使得小面变大面、平面变立体、一元变多元、个别参与变全体参与，学生的热情也会在这个过程中与日俱增。

例如，一年级的某个班的文化版面规划了这样的四个栏目：爱的约定（班级公约）、"养正"风采、作品展示、温馨园。爱的约定由师生共同拟订：上好课，读好书，唱好歌，写好字，站好队，做好操，扫好地，说好话。这是一个从无到有、形成后共同遵守的过程。"养正"风采，包括学生养成良好行为习惯的照片、称号、简介等，是一个不断添加、更新的动态管理版面。作品展示包括写字、写话、绘画、剪纸等作品，也是一个不断添加与更新的动态管理版面。温馨园则可以呈现班主任与教师寄语、温馨提示语、故事、童谣等，是教师对于学生的言说，也可以是学生自主呈现。在不断丰富、更新的过程中，达到饱满、丰盈，或在季节与时令变迁中不断更迭，或根据阶段性工作重点而进行随机变化。例如：请不要用尖头雨伞！离"建队节"还有10天，你准备好了吗？利用阵地，教师教育学生；长此以往，实现学生的自我教育。

三是，特色文化与多元文化之间的辩证关系。

一方面，学校的特色文化一定要有，比如我校的"养正"文化、"三自"文化等，但不仅仅是这些。班级特色文化也应该有，比如有的班始终坚持"生活识字"文化阵地建设，有的班则是"美丽数字国""英语小达人"等，依班主任特长、学生兴趣点而异，但也绝对不仅仅只有这些。要实现文化多元，实现正能量的充分传递，还应该包括下面的内容：

第二方面，特长学生、优秀学生的作品：作文、书法作品、绘画作品、手工作品、科学小发明作品、照片荣誉与简介等。

第三方面，每一个孩子都要有自己的阵地，有展示自己的舞台，有公平享受成长与发展快乐的权利。个人写字阵地，在随着时间的推移日渐变厚、变好，呈现出的习字过程与成长轨迹十分清晰；日常作文若得以张贴，则之前孩子会特别用心，呈现出来又倍加关注，在同伴的欣赏、指点等随机的评价活动中不断反思与改进，下次的作品就会更好。孩子们总会有自己的一技之长，美术作品、劳动镜头、锻炼升级赛、小故事大道理的推荐……关键是理念，关键是方向。

第四方面，每一种中小学生该具备的核心素养元素都应得到适当呈现与彰显。诸如有关品德与习惯养成、体质健康、语文数学等基础与文化素养、艺术素养、科学素养、劳动技能等等。功能室文化与教室文化，在呈现学生作品时应该统筹兼顾，各有千秋是比较理想的境界。

四是，多彩画片与规范文字之间的辩证关系。

我想，对于中小学生，这里有一个总的原则是：图文并茂、穿插映衬、成趣成辉、赏心悦目、引人驻足、激人奋进。

多彩画片包括照片、美术作品、手抄报中的插画点缀、总体布局重点标题的边框点缀等。照片可以是人物照片、活动照片、实景与实物照片等；美术作品包括儿童画、国画、漫画、版画、线描、扎染、泥工、粘贴、剪纸、软笔书法作品等。

规范文字应立足规范性引领与欣赏，是另一种品质之美。诸如学生的硬笔书法作品、作文日记写话中的每一个汉字、所用数字、英文，还有手抄报、研究报告、实验说明、科学小品文等文稿中的文字，都应是规范的。

五是，教师主导与学生主体之间的辩证关系。

教师的主导作用应该表现在：前期整体的规划布局，早期作品与材料的组织把关呈现、实施分工管理、落实运行规章、指导数据统计，期间的督查、指导及大型的调整，及时的评价、反馈、奖励等。

学生的主体作用主要体现在三个方面：一是学生自主性作品的呈现、添加、替换等；二是依照分工实施对文化墙进行管理，包括布局、数据统计、日常维护等；三是提出建设性意见与建议等。

六是，固定版面与动态版面之间的辩证关系。

固定版面包括：班级信息牌（班级命名、班主任信息、班级目标、学生合影等）、课程表（在"三表"中，唯课程表固定，而作息时间表会随四季变迁而调整，班务工作分工表也应因实行轮岗等而调整）、班级公约班风学风等。还应包括学校统一布置在班级内的办学理念、名人名言等。

相对固定的版面是指，版面固定且内容适当或随机进行调整，例如作息时间表、班务工作分工表、其他常年不变的版块等。

动态版面应占班级文化的主体内容，呈现形式如时令小报、生活剪影等。一是时令性的动态变化版面，包括随四季变化与节日来临而产生的变化。孩子们应该关注的传统节日与特定节日的确不少，元旦、春节、清明节、劳动节、端午节、儿童节、教师节、中秋节、国庆节等。二是大型活动前后而伴随变化呈现的版面，例如运动会、艺术节、春游、研学等社会实践活动。三是根据需要而更新调换的版面，例如创建文明城市、创建卫生城市、疫情防控、防溺水防火灾等安全教育。

三、说给谁

学校文化说给谁，一看出发点，二看实际效果。

关于出发点，应有三大类别——

一是，校园文化建设的主要指向与目的是对上对外。有些学校管理者，从思考设计校园文化的那一刻起，一心想的只是：做出高大上的品质，让来视察的领导耳目一新，让来参观的同行夸赞不已，迎接各种检查评估拿得出手、说得出口，得高分、创业绩。有的耗巨资建设的展厅、长廊、荣誉室等，自己的学生却不曾光顾片刻；有的小学校园文言文、篆体字满天飞；有的初中校园文化品位大学化。说到底，这只能糊弄那些外行，迷惑业内的不懂装懂者。

二是，校园文化建设的主要指向与目的是为我所用，即为促进教师专业成长与学生全面发展服务。

三是，折中兼顾。首先，建设有用的校园文化，对师生而言不做任何的无用功，不做面子工程。其次，校园文化要力求美观、大气，实现科学性与艺术性的统一，这样更能发挥其应有的育人功能。再次，让校园文化建设在动态管理的同时，尽量实现一劳永逸，那就要符合各种规范化要求，在各项争创、迎检、参观等活动中，也立于不败之地。这样，既节约又务实，既高雅又高效。懂行者自会赞赏，外行人不懂者随其云云即可。

要论实际效果，一个"新"字、一个"人"字均很重要。

先说"新"字——

通常，我们精心制作的墙壁文化，几乎都收效甚微。去过一些学校，发现校园文化高度雷同，可谓千校一面。从教室到走廊，悬挂的大都是格言警句、名人画像，内容不外乎爱国孝亲、勤奋惜时、奋斗自强等常规话题；人物大都是牛顿、爱因斯坦、居里夫人、钱学森、邓稼先等科学巨匠；规格形式大致相同。学生从一年级看到五六年级，一年级时因为看不懂而没认真看，长大后，因为司空见惯根本没兴趣看。结果，在孩子们的心目中，这些格言警句、名人故事，犹如壁纸上的图案，从来没有认真看一眼，更没有用心琢磨过它内在的含义。

许多事实证明：千篇一律、陈旧老套、一成不变的东西，学生不喜欢，自然不会多看一眼。要让墙壁说话，就要与时俱进、推陈出新，不断超越突破。请看下面这个案例：元旦来临，期末临近，春节将至，寒假前的一个月，学生们的情绪很不稳定，欢乐和担忧常常纠结在一起。怎么办呢？让学生们拿起相机，拍下笑脸，做一面"笑脸墙"，作为跨年礼物献给大家。学生们聚集在墙下，看着一张张笑脸，自己也绽开了笑颜，笑脸墙成为本真墙、沟通墙、欣赏墙、助力墙、开心墙，起到了它应有的积极作用。第二年，学生们的热情会依然很高，主动上交笑脸墙的照片，热切期盼元旦的到来，希望自己的照片被选中。当新的笑脸墙代替了旧的笑脸墙之后，学生们聚集在墙下指指点点，墙也灿烂，人也灿烂。笑脸墙播下了微笑的种子，传递了快乐的信息，缓解了学习的压力，酿出了幸福的蜜糖。但是事不过三，笑脸墙应该停止了，我们应该寻找创造"新"形式了。

当然，这个"新"不是什么独一无二绝无仅有的，而是我们的班级没有过！我们的学生没有见过的。所以，班级文化可以借鉴，可以"拿来"，只是要记住，"拿来"的目的是为我所用。

再说"人"字——

"人"，就是"以人为本"即"以师生为本"。很多学校非常重视墙壁文化的建设，花费大量人力物力，做得很用心也很精心，漂亮新颖自不待言，但效果如何呢？

我到过这样一所小学，规模很大，环境很好，校园文化也搞得有声有色。从操场到教室，从走廊到办公室，处处张贴着名言警句，内容都摘自《论语》和《孟子》，颜色、样式、字体，与整个校园风格和谐一致，给人古色古香、深沉厚重的感觉，一看便知学校打的是"儒学经典、传统文化"这张牌。看着制作精美的牌子，读着启人心智的圣哲篇言，我突然产生一个疑问，如此艰深的文字、古雅的语言、深奥的内容，小学生能理解吗？恰好旁边有一个五年级的女生，我问她："牌子上的字你认识吗？"她认真看了看，指着其中两个字说："这两个字不认识"。"你知道这句话的意思吗？"她摇摇头说："不知道。"我想，在一所小学，如果五年级的学生都不认识，一二年级的学生就更不认识了，那这些精美的牌子是做给谁看的呢？给教师，还是给参观者？做这些牌子的目的何在呢？是教育学生，还是装点门面？

为什么会出现这样的问题呢？因为墙壁文化的创意和设计者是校长、主任或教师，唯独不是学生，他们关注的是学校的需要，而忽略了学生的接受能力，于是文化成为摆设，没有发挥应有的教育作用。其实，让墙壁说话并不难。只要能够以生为本，从学生的实际出发，用学生喜欢的形式和语言去打造校园文化，就一定能取得良好的教育效果。尤其班级文化建设更应遵循这一准则。我们的口号应该是"我的班级我做主"，让学生们参与到校园文化建设之中。每个班级，除学校统一规划布置的国旗、校训、名言警句、"养正"理念之外，在教室内外要安装几块软木版面，由学生自己布置。学生们积极性很高，优秀作文、优美图片、精美手工，应有尽有；"养正"之星、读书标兵、童声心语，尽在其中。视野之开阔，方法之巧妙，内容之丰富，远远超过老师们的想象。班级文化墙，成为一道亮丽的风景，吸引着学生们，每到课间，他们聚集在展板前欣赏品读、议论点评，惬意自得，是休息也是学习；展板也吸引着来访的家长，很多家长在展板中读到自己孩子的习字、作文，看到孩子的奖状、照片，激动无比，自豪之感油然而生，对孩子的关注与日俱增。

我的墙壁我做主。以我手写我心，用自己的语言表达自己的心声，学生们读得懂、记得住、愿意看。钓胜于鱼，"授人以鱼不如授人以渔，授人以渔不如授人以欲"，展板凝聚着他们的汗水和智慧、情趣与期待，创作带给他们快乐和幸福。所以，他们喜欢班级文化墙。

由此可知，学生不是旁观者，也不是观光客，他们是学校的主人，要让每一面墙壁说话，没有学生的参与是不行的。

校园文化是看的更是用的，讲究形式更要讲究内容，可以阳春白雪，也可以下里巴人，应在唯美与实用之间找到一个平衡点——实效性。

9

翻越苦旅，笑待花开

余秋雨在文化散文集《文化苦旅》中，通过山水风物来溯求历史文化的脉络、人生命运的真谛，"苦"是全书的主旋律。教育之行，又何尝不是一场苦旅？

但是，又有哪一个清醒地爱着教育、坚定地追着梦想的教育者害怕这一生命之旅？作为人类灵魂的工程师，我们比别人更明白：人生路长，事业为伴；平坦坎坷，笑泪相间。前进途中，定会有大桥平原也有高山陡壁，有缓流涓涓也有险滩肆虐，有风和日丽也有雷雨交加，有喜悦欢乐也有哀伤苦痛。

难与苦，是磨炼人格之最好学校，是专业成长之必修功课。正所谓"不经一番寒彻骨，怎得梅花扑鼻香。"

磨课赛课之苦

"千淘万漉虽辛苦，吹尽黄沙始到金。"这应该是对教师磨课赛课最贴切的形容。几十年来在老师们中流传着两句很朴素的话——

"讲一堂课剥一层皮"。

"不哭上三五场是摔打不出来的"。

这指的当然是各种形式的参赛课、公开课，无论是校级、县级、市级、省级、国家级，无论是单纯的展课赛课，还是参与能手评选、各种评优、职称晋升等，只要是你的课要公开呈现于评委或大众面前，就不仅代表自己和团队的最高水平，更重要的是会代表全校全县乃至更大地域范围的课堂教学水平。何况，教育大军人才济济、藏龙卧虎，展示自我、成长进步的好机会不总是降临到你的头上，一旦错过便终成遗憾。

下面的故事来自我儿子初中时段的参赛征文——

早在2000年，在经济并不富裕的情况下，我们全家就省吃俭用花6000多元买了电脑并配备了打印机，但直到今天，妈妈仍没涉足过一次网上游戏和聊天，这台立下汗马功劳的电脑，记载了妈妈无数个这样的经历：打印论文、书写案例、制作课件、查阅资料、下载美文、发送邮件……

记得4年前的一天中午，妈妈的《小小采购员》的课件制作已接近尾声。妈妈习惯用"AUTHORWARE5.0"制作多媒体课件，她花了3个晚上共15个小时的时间制作，其间我不时去欣赏一番，每一个环节都很精彩。明天，妈妈就用它在全校开公开课了，我想她一定会不同凡响。可就在妈妈最后"保存"时，电脑跟技术不是很过硬的妈妈开了一个大大的玩笑：课件丢失，怎么也找不回来。我当场急得眼泪在眼睛里打转。可顽强的妈妈硬是从容面对，晚上打了一个通宵，又把课件做了出来，有些地方比第一遍还要出神入化。

第二天的公开课也是相当成功的。这一课的教学设计还发表在《小学青年教师》上呢！

这件事让我为妈妈欢呼了一遍又一遍，妈妈也成了我"做事有毅力、永远追求卓越"的鲜活榜样。

经历过10年的打拼，到1994年暑期，"省级公开课"的幸运之星终于向我闪耀。试讲11遍，教学设计的更改次数早已数不清，学校领导、县教研员、市教研员的听评指导接踵而来。压力，是第一感觉；然后是接受专业引领和成长关怀的感慨；继之便是无所适从的茫然、艰难和苦累。他们都是对的，他们又时常会不一致；第二方案要推翻第一方案，第八方案又回到第三方案，这也都是常事。经过这一个酷暑假期的课堂研磨、集中锻造，我的确成长了许多，来自学术探索的深深吸引，来自更高平台的神秘诱惑，更来自自己勇于挑战的顽强拼争。

无论别人指导我的课，还是我指导别人的课，我始终坚守这样的原则：他人都是旁观，自己才是课堂灵魂的主宰；这一课无论在你看来多么"钻之弥坚"，你也是钻得最深的那一个；大家的建议可以吸纳和参考，但必须要听从自己心灵感悟的真切呼唤；只有自己脑子里长出来的教学智慧，才有可能成为课堂上最动人的光环。

正是这一堂经过多人点播又不失个人本真的课，在我第12遍呈现时，亮相于山东蓬莱，为我市赢得了荣耀，从此结束了年轻的东营市在全省小学思想品德教学中"小字辈"的历史。

课堂，是我的至亲至爱；磨课赛课，是我的苦乐年华。下面的文字来自我的报告幻灯片——

◇自己天生就是当老师的材料。当天赋、志趣与所从事的职业一致，是人生的幸事。

◇因为热爱课堂，所以倾心追随。仰慕特级教师，不复制任何人。

◇功利性越弱，教育性越强，离成功越近。

质量压力之苦

学生的成绩是老师的魂牵梦绕。

记得自己刚参加工作时，进行一年级语文拼音教学。自己觉得已"使出了吃奶的劲"：备课、听课、请教、辅导……似乎一样也没少做。单元检测，平行班的张老师先我一步，那几十个100分着实令人赞叹令人羡慕。

轮到我看试卷了，眼看阅完大半，却未出现一个 100 分。我心急如焚哪，我望眼欲穿哪……我怎么会如此失败！自己忍不住眼泪直往外淌，真正成了"哭鼻涕的小老师"。终于，一张 100 分试卷惊艳诞生，我真的是如获至宝，几十年后依然把该学生的名字、容颜记得清清楚楚——马倩，"救命"的马倩。同办公室的闫老师借机安慰我说："小郑，快别哭了！这不是有满分的吗？这足以说明你都教到了，孩子们出错是他们自己的事，是很正常的。"听了，自己感觉很温暖。但我十分明白，这哪里是我教出来的，这唯一的 100 分明明归功于孩子的天资聪颖和家长的得力辅导。

让学生学好学牢并将高高的分数落到纸面检测上，我的差距还有"十万八千里"。日后，必将是一个含辛茹苦、砥志研思的漫长征程，若想不居人后，不误人子弟，定是一路奋力拼搏、日日孜孜以求、时常汗泪交汇。

陈华秀（化名）老师是我仰慕多年的老教师。一天，午休片刻的我与她二人骑车去往学校，同路交谈间，她的一段话让我始终铭记：

拿质量是最不容易的事情，要天天紧盯紧靠，时时刻刻抓住学生不放，永远把孩子们的成绩放在心中最重要的位置上。从早到晚，365 天，这根弦都是紧绷的。

这番话让我很受教，对陈老师的教学水平我也更加心服口服。我所看到的是：陈老师每一堂课的课前准备都相当充分，每天都为不同层次的学生准备十分充足的"食粮"；她每一堂课的节奏都很快、效率都很高，做到了没有一句废话；她对学生的要求都很严格；她每天早上和中午几乎都是第一个到校，面批作业或者单独辅导；无论大小课间，陈老师都跟三五个学生在一起，要么在教室里要么在她的办公桌前……这样，才确保了她所教的班数学成绩，几十年总是在全校乃至全县名列前茅，时常会遥遥领先于其他平行班。

另一位同样优秀的老教师曾跟我说过多次："小郑啊，假如学生期末考不好，咱这个年都过不好哇！"

记得有一回年底考试，我所教班的语文成绩平均88.88分。这让我过了一个十分开心的年，一是在于这个无比喜庆的数据，更重要的是它领先于其他所有平行班。

在一次学校举行的优秀教师报告会上，于丽影（化名）老师的报告题目是《与人为善，勤将补拙》。给我印象最深的是：在15个平行班中，她接手时两个教学班数学成绩排在第14名、15名，且平均分、及格率等大大落后于其他班。她能在一学期的时间内，将这两个班的平均成绩上升为第1名、第3名，及格率提高到100%，后进生转化成效显著。并且，于老师曾经在最棒的学校教过生物、物理等多个学科，教学成绩也都是名列榜首。从于丽影现象我们可以得到三点感悟：一是，不同学科的教学有许多共同的规律可循。二是，教师对所教学科的熟悉与陌生，并不是影响教学质量优劣的最关键因素。三是，教师的态度和干劲是战无不胜攻无不克的秘诀，包括迎难而上的勇气和坚韧、强烈的责任心、积极探索的闯性、始终如一的坚守和付出等。

教育的挑战无处不在，教师之间的评比无处不在，我们面前的成长机遇和发展可能无处不在。扎根于教学一线、生长在群英荟萃的局属学校，来自教学质量的压力，有时的确令人苦不堪言。但是一旦熬过了跋山涉水的艰辛，扫除了横亘眼前的所有困顿、彷徨、纠结、无奈和失落，便会探寻到教书育人的真谛。只有当我们经历了"山重水复疑无路"的孤苦与煎熬，才能真切感受到"忽见千帆隐映来"的甜蜜与欢乐，此时的我们对眼前"远山初见，曲径徐行"的渐入佳境便格外珍惜。

课题研究之苦

苦，源自课题研究的强大挑战。人生有无数个第一次，我作为课题组负责人参与国家级课题研究，这是在之前的教育生活中未曾有过的。在中央电教馆的"信息技术与学科教学整合的理论与实践研究"之下，确定子课题"关于信息技术与数学教学整合的教学设计的研究"，我带领其他4位课题组成员，于2003年4月起，开始了历时近两年半的艰辛研究历程。从信息技术到与学科整合的艺术，从立项申请到研究方案，从课题培训到中期评估，从工作报告到成果梳理，从专家鉴定到会议结题……真正感觉一头雾水，"摸着石头过河"，寸步难行、历经艰辛。我一次又一次地艰难困苦地坐在办公室的公用电脑前，搜索背景信息、撰写各种材料，会听到这样的声音："课题这东西，千万别去碰，一旦粘上了，就有苦头吃喽！"我心头划过一丝异样之感，但瞬间释然。因为，我与他，早已不在一个层面上思考问题——价值取向不同，对教育追求的境界更是相差甚远。这消极之语没有丝毫打击到我，反而成为另一种意义的鞭策——我定会愈挫愈勇、一往无前地去劈波斩浪，尽情品尝他所从未尝过的"美味"。

苦，源自自身务实担当的秉性。广饶县第一实验小学的一任任校长，为我们树立了踏实创业的典范，也成就了务实担当的集体作风。"谁干活谁就是课题负责人，在你之上，没有人挂名。"这是校长的原话。我深知其义——你要把这个课题担起来，最大的"苦劳"是你的，最大的"功劳"也是你的。于是，该我自己做的事情我不会有丝毫推脱和懈怠，定是孜孜不倦、殚精竭虑；需要分配给其他课题组成员任务时，我便按照分工统筹布排。课题研究在我带领下团队精诚合作，有序而缓慢地推进。而周边学校的有些同时立项的课题，由于"领衔人不干活，干活人非领衔"而中途夭折。务实担当，永远是自己的本色，对待任何事都以"认真"著称，一辈子都不会改变。如此，我便不负领导委托，不负个人初心，不负伙伴期盼。

苦，源自高精尖的目标追求。追求的高度，时常来自由上而下的高标准严要求，来自不可抗拒的压力。总课题组的领导专家都是站在"高精尖"的理念之上来指导我们的理论研究与实践行动的，他们来自中央电化教育馆、东北师范大学理想信息技术研究院、加拿大Laval大学、山东省电化教育馆……他们对课堂教学对接课题研究核心问题的诸多要求，对每一个时期呈现的文字材料的要求，对于研究成果的收集、梳理和提炼，对于会议结题一系列材料尤其是汇报课件的要求，都是相当苛刻的。不然，怎会有我的"八易其稿"的PPT，不然怎会呈现33页长达32000字的研究报告，不然怎会产生三大厚本共600页的研究成果附件——教学设计、教学论文、教师授课课件目录、电脑制作活动获奖统计等。只有追求高精尖，才有可能实现高精尖。

苦，是自身及团队成长的必修课。是这场课题"苦旅"，练就了自己的意志、耐性和本领。自此，我以为没有比做课题研究更难的事了。而跟我一起做课题的年轻老师们，他们一遍遍接受课堂教学的磨砺与指导，经历信息技术的探索与切磋，走过撰写材料的"万事开头难"和推敲反复——其间的"苦"他们一一尝过，"哭"也是常有的事，只是从未让我看到过他们"顽强的眼泪"。

以下是课题研究成果之一，即题为《信息技术与数学教学整合的教学设计"四模式"》的论文提纲：

　　◇信息技术整合于"数与代数"的"问题探究式"教学设计模式

　　◇信息技术整合于"空间与图形"的"操作探究式"教学设计模式

　　◇信息技术整合于"统计与概率"的"体验探究式"教学设计模式

　　◇信息技术整合于"实践与综合应用"的"主题探究式"教学设计模式

以下是专家组的结题意见：

　　专家组听取了子课题承担学校广饶县第一实验小学的结题汇报，审阅了子课题组所提交的材料，并进行了现场质疑，经过研究讨论一致认为：

1. 课题组所提供的各种结题材料完备齐全，符合结题要求，材料规范。

2. 课题的研究目标明确，围绕信息技术与数学教学整合的三个层面和四个领域开展研究，研究内容具体，对推进信息技术与小学数学教学整合具有重要的研究价值和实际意义。

3. 课题研究以行动研究法为主，确定的目标明确、方法恰当，课题组的组织及分工明确，建立了有效的课题管理制度及体系。

4. 课题研究取得了丰硕的成果，总结了信息技术与小学数学教学整合的教学设计"十化"策略；探索了信息技术与小学数学教学整合的模式；开发了系列的符合新课程新理念的课程资源；形成了一批具有推广和应用价值的研究论文、教学设计方案、课例、软件等。

综上所述，专家组认为，该课题整体设计思路清晰，框架结构科学合理，目标明确，方法得当，成果丰富，有效地推进了信息技术与小学数学教学整合，促进了信息技术在小学数学教学中的广泛应用，起到了示范和辐射作用，完成了预期目标，同意结题。

建议进一步开展信息技术与其他课程整合方面的研究。

比"苦"更让人牢记于心的是"甜"——我是个健忘的人，但是每个"甜头"都长久铭记，因为大都是"苦后之甜"。这甜，来自精神灌溉，来自专业成长，来自风采尽展，来自成果丰硕。这些都是一辈子的财富，抹不掉，掳不走，永远珍存，强劲传播，为之骄傲。成为能量，蒸腾出更新更大的希望。

遭遇"难缠"之苦

我们面对的是一个多彩的世界、多元的社会。我们的周围随时发生着深刻而复杂的变化，信息时代的各种思想相互激荡，经济社会发展带来的一系列阶段性社会矛盾不断涌现。人们的素质也因家庭环境、受教育程度等各方面因素的影响而存在差异，不同的价值取向决定着不同的行为走向。呈现在我们面前的经常是纷繁多变、鱼龙混杂、泥沙俱下的社会现象。学校及每一位教育工作者会面临来自社区、学生家长、各行各业等多方面的考量，这也成为我们人生经历的重要组成部分。

自己临时主持同和小学工作的那段时间，遭遇到了下面的"难缠"之人、"难缠"之事——

2008 年 9 月 7 日上午，正在学校施工建造自行车车棚的师傅突然跑来我的办公室，他说："某某村的一位老乡不让我们建车棚，大家被迫停工了。""为什么？""他说，学校占了他们村的地，所有的活儿都必须由他来做。"我一听又气又急。气的是他根本没有道理；急的是离 9 月 10 日举行典礼只有 3 天的时间了，这一闹工程被搁置还了得？简直烂摊子一个呀！

我有充分的估计：他是欺负我一个女同志主持工作，以为我会怕他，一定会屈服于他，他便会心想事成。

可能我天生胆大，也可能出于对自己会"急中生智"的充分自信，丝毫都没有害怕。我即刻做出决定："我马上去门卫处，你让他在那里等我"。

当我来到学校大门口，却不见人影。打听一下才知道了三点：那人是某某村的村委会成员；是个小小的包工头；来学校从来不走大门，都是从矮墙翻越而过。我打心里骂道："什么素质！"

终于等来了这"难缠"之人。我从门卫处拿出来两个马扎，先请他坐下，我们就在传达室门口谈。

我："老弟，你为什么突然不让工程队继续施工？"

他："开发区跟我们村有协议，学校占了我们村的地，所有的活儿都必须由我们来做，不能让其他的人来做。"

我："这个我相信，但那是在学校建设期间。现在学校已投入使用，内部建设与管理问题都由学校自身来完成。再说，我跟你没有任何协议，我也不知道你会做车棚工程。"

他无话可说，开始胡搅蛮缠："反正你只要不让我做，我就不让别人干，你们这车棚就建不成。"

我开始提高嗓门："你也太不讲理了吧！难道我们学校要干什么都要经过你允许？我们买几盒粉笔、进两张办公桌、置办个垃圾桶都得由你批准？我可从来没有收到任何这方面的通知。"

他开始气急败坏："我就是不让他们干！"

我又把声音提高了八度："你如果今天让我车棚建不成，明天我就把你们村的孩子全部撵回去，看你怎么向父老乡亲们交代。"

此话一出，我被自己吓到了：无论如何，孩子们接受义务教育的权利是不能剥夺的，更不能由我们做教育的来剥夺。这是万万不能发生的事情。只不过说说震慑他一下而已。

没想到这正戳中了他的软肋，他立马换了一种架势，尴尬在那里，表情也变得没有那么狰狞。我在心里庆幸偷乐——他不懂《义务教育法》。

见他有缓和之意，我马上趁热打铁，好让他顺坡下驴："老弟你看，学校跟咱们村是邻居，村里所有的孩子都交给了我们，咱们应该友好相处、互相帮忙才是。这样以后有什么事都好商量。还有3天，学校的落成典礼暨教师节庆祝活动就要举行，车棚铺开摊子却停工，你让我怎么向领导们交代？咱同和小学不只是开发区的，这也是县里的重点工程啊！"

此刻，他完全转变了态度，语气十分平和："学校庆典，我们村还要来送条幅祝贺呢！"

我："好哇，热烈欢迎。我替孩子们、家长们谢谢你对学校工作的支持。"

他平静离去。两天后，车棚完工。三天后的9月10日，在学校收到的几十条红色致贺条幅中，的确有来自该村村委会的两条。

经过此事之后，我顿觉自己的人生经历变得丰富了一些。从此，我也不断琢磨如何更好地处理与开发区诸多企业的关系，更好地处理与学校招生范围内的各个社区的关系。因为在我之前的经历中，这几乎是空白。与不同层面、不同脾性、不同文化素养的人打交道，这里有许许多多的学问和门道。我需要学习历练的还有很多很多。

履历、资历、经验、教训，我们所走过的每一段路都是宝贵的人生"财富"，而任何财富的积累都是漫长、曲折而辛苦的过程。奋斗本身就是幸福生活的一部分，何况当我们享用这些"财富"的时候，更会有不同的美味在五脏六腑中，在血液躯腔中回旋升腾，时常让人陶醉忘返。

这便是莫大的精神享受——享受往日的自己吃苦头受委屈时的精彩，享受今天的自己很从容很淡定的优雅。此刻只想对自己说："删除我生命中的任何一个瞬间，我都不能成为今天的自己。"

写作编撰之苦

人的惰性似乎是与生俱来的，我也不例外。所以有时候我们要感谢"压力"。正当自己处于专业成长的关键时段，是学校的要求为我打开了无比敞亮的创作大门——每周至少完成一篇专业性文稿，随笔、反思、论文、案例、故事、感悟等均可。

周围有人在抱怨，大部分老师在应付，网抄或者用简短几句敷衍者不在少数；但是我没有。我心里想的是：积累，在日月朝夕；每周一篇，这样坚持一年两年或更长时间，该是多么可观的素材；只有这种采集于田头来源于生态的花果，才会最具价值；即时性，才会更鲜活、更生动。

所以，我从不懈怠，每周一篇。课堂教学的精彩与遗憾，育人实践的感触与思考，心灵成长的喜悦与烦恼，专业发展的启迪与困惑……只要有故事，有灵感，一有闲暇立马奋笔疾书；倘若实在不得空，就要晚上完成，最迟不能超越"本周"的时限。有时会陷入"吟安一个字，捻断数茎须"的自我苛刻，有时也会迎来"喷薄而出，笔下生花"的自我犒赏。

当感觉自己笔力不济"写不动"的时候，就用窦桂梅的文字来鞭策和激励自己——

"后来读到鲁迅称自己的文字是'硬写'出来的，心里这才颇感安慰：即使是天才，也需要漫长的、艰苦的修炼。"

期末将近，为给老师们的"文字"提供交流展示的平台，学校举行了"教育教学专业文章大赛"。我是此项活动的组织者，要求大家隐去姓名参评，并从不同层面召集了十几个评委进行认真、公平的评选。

我的文章相当厚重，基本素材全部来自那每周一篇的原生积累，题目是《采摘"评价改革"中几朵娇艳的小花》，包含4个"花"字小标题近5000字的丰富内容：

阶段评价，绽开兴趣之花；

花开娇艳，我须悉心呵护；

师生争星，赛得百花斗艳；

相约未来，期许花开盛世。

评委老师们在辛苦地工作着。一位很是认真的妹妹把这篇文章拿给我看："郑老师，你看这篇，写得这么长，这么好，这……"我心领神会，她绝对没有想到这正是我的参赛作品，是在怀疑这篇文章可能是网络抄袭的。参评作品多，评委工作任务重，她也不好去网上挨个搜索确认。也的确为难大家了。我不好作答，只是笑笑而已。

结果，我的作品排在全校第6名。我又笑了，看来怀疑网抄的还不只是一位评委。也正是这篇文章，原文发表在《山东教育》2009年第12期，编者对内容只字未改，只是把题目改为了《"数学评价改革"中几朵娇艳的小花》。其实，该文有不少内容是数学以外的。

又想起2002年的"东营市创新教育案例征集评选"活动。课改初期，依然年轻的我每天在豪情满怀中度过，日常又善于笔耕，手头的案例很不少。更让我兴奋的是活动没有名额限制。我从自己的文件夹中找出了5个自己满意的案例，略加整理，开心提交。结果《小小"五个点"，联想大世界》和《一堂"实践活动"课的课外功》两个案例双双荣获一等奖。直到5年以后，我才从市教育局组织此项活动的领导那里听到了下面的评选背后的故事——

> 活动面向全市的中小学和幼儿园教师，一等奖的数量是25个。评委评选的结果是：郑金丛一个人就占了2个一等奖，这似乎没有先例。他们为此事争论不休，但最终的声音依然是：只看案例水平，不论作者是谁，好就是好。

全市的2/25，我这才知道自己有多么幸运。我打心底里感谢并敬佩那些我不曾知晓的陌生的评委老师们。

《走进名师课堂（小学数学）》的编撰过程何其苦也。但是这样的镜头让我锁定了它的甜——

> 该书正式出版后，我收到的样书只有2本，而更需要得到这本书的至少还有4人。因为，他们用尽心思按照样章要

求为我提供了优秀课例，该书已在"后记"中署名致谢。怎么办？一筹莫展之际，在济南学习的丈夫从新华书店发现了此书，便一下子买回了8本。送给兄弟姐妹们，他们如愿以偿，我更是欣欣然。

这天上午，一位乡镇大规模学校的校长专程来到我的办公室："郑老师，您的《走进名师课堂》能不能送给我一本？我想好好学学。""正好还有一本。"联想到鲁迅笔下的"窃书不算偷"，在我看来"要书"是对作者极大的褒奖。

《新课标教案设计》的编撰过程何其苦也。但是这样的画面让我锁定了它的甜——

常俊民（化名）老师参加中级职称评审，在他所有提交的教科研成果中，只有两本《新课标教案设计》，他是编写组成员。就凭这个，他顺利通过了评审。

书是甜的，自己写的书更是甜的。这甜的味道会冲淡甚至让人完全忘却曾经付出的苦。

作为生生不息的社会人，作为砥砺奋进的教育者，我们必须要用身心咀嚼的苦头何止这些，摆在我们面前的经常是工学矛盾之苦、繁杂事务之苦、恨铁不成钢之苦……

"欲渡黄河冰塞川，将登太行雪满山"是对勇气和意志的磨炼；"山重水复疑无路，柳暗花明又一村"是对执着与智慧的馈赠。因为我们练就了刚健勇毅的秉性，所以我们总是从挫折中不断奋起，成为永不气馁的强者；因为我们听从"天生我材必有用"的时代召唤，拥有"自信人生二百年，会当水击三千里"的豪气，所以我们的精神、意志和力量一遍遍在历练中升华；因为我们特别懂得"立志而圣则圣矣，立志而贤则贤矣"，所以我们和自己的学生们一道"不坠青云之志"，一次次到达"精诚所至，金石为开"的理想境地。

是的，当爬出了冰雪之山涉过了泥泞之地，翻越苦旅之后，我的花便开了，大家的花也在开。没有一定的时间、力量与磨难的积累，绝对看不到一瓣一瓣的花展开面容的生命之娇艳，更看不到一朵一朵的花装点江山的岁月之壮观。

此刻，我记起了一篇小学语文课文《自己的花是让别人看的》（节选），出自我国著名语言学家、教育家和社会活动家季羡林先生之笔——

四五十年前（1935年）我在德国留学的时候，曾多次对德国人爱花之真切感到吃惊。家家户户都在养花。他们的花不像在中国那样，养在屋子里，他们是把花都栽种在临街窗户的外面。花朵都朝外开，在屋子里只能看到花的脊梁。我曾问过我的女房东：你这样养花是给别人看的吧！她莞尔一笑，说："正是这样！"

正是这样，也确实不错。走过任何一条街，抬头向上看，家家户户的窗子前都是花团锦簇、姹紫嫣红。许多窗子连接在一起，汇成了一个花的海洋，让我们看的人如入山阴道上，应接不暇。每一家都是这样，在屋子里的时候，自己的花是让别人看的；走在街上的时候，自己又看别人的花。人人为我，我为人人。我觉得这一种境界是颇耐人寻味的。

文字的精美隽永自不必说，所彰显的养花人的境界，所包含的意味深长的哲理，尤为打动人心。

百花斗艳，郁郁葱葱，万物并秀，美美与共。——这便是我们理想王国的一派繁荣。

"乘风好去，长空万里，直下看山河。"翻越苦旅我不苦，笑待花开花已开。

希望在望，未来已来。

10

读圣人孔子

父亲英武母贤理，
石洞诞生孔仲尼。
幼年丧父命坎坷，
患难与共兄孟皮。

好学勤礼承母仪，
巧遇老子习周礼。
寒窗学易外公授，
三年启蒙乐不疲。

智慧勇猛众口词，
放牧两载悠扬笛。
十七慈母撒手去，
守孝三秋风雨凄。

茅下论礼饭不思，
广阔精深津津提。
鲁公赐婚四方贺，
初显才能得子鲤。

四处求学德仁义，
习乐养心修大气。
夜以继日操一曲，
深得精髓惊天地。

杏下育人三十立，
广纳门徒无高低。
精通六艺授周礼，
循序渐进日月积。

有教无类名百里，
因材施教第一师。
传道授业开先河，
儒家学说传万世。

问道求政舍儿妻，
安国强邦兴礼治。
乱世忠良苦何堪，
辗转仕途齐鲁地，

卫匡陈皆不得志，
中计陷困茫兮兮。
列国生涯十四载，
颠沛流离生不息。

垂垂老者归故里，
荒凉颓败伤不已。
暮年岁月写春秋，
仁义道德志不移。

七十有三悲鲁地，
万世师表归去兮。
弟子守墓三年孝，
茅屋间间诉相思。

子贡守孝六载齐，
重拾悲痛唤子弟。
先生言行著论语，
思想光芒永传奇。

——2019年1月22日，读完《孔子的故事》一书，百感交集，一气呵成拙劣之诗

第四辑　待到山花烂漫时

带动、助力更多的教师加快专业成长步伐，是我的使命，我乐而忘返。精神引领，关心厚爱与严格要求同在；专业引领，尊重规律与积极培植并行。

教育的直接目标是指向孩子一生的幸福。换个角度说，教师教育的直接目标是指向教师一生的幸福。

道阻且长，行则将至。希望在望，未来已来。

1

肩负时代委托，接受明天邀请
——在首届"广饶中小学名师工作室"启动仪式上的发言

各位领导、各位老师：

大家好！

在各级领导的关怀下，我们向往已久的广饶名师工作室成立了。此刻，在场的每一位教师都怀着激动、感恩、憧憬的万千思绪，聆听到了我们广饶教育事业最强有力的福音。因为，成立名师工作室，是我县教育界的一大盛事，也是全县五千名教师的一大喜事。今天，我能代表全体名师工作室主持人在这隆重的启动仪式上发言，感到十分荣幸。我谨代表25位工作室主持人向关心支持我们专业成长的领导表示崇高的敬意，向与我们一路同行的老师们表示衷心的感谢！

此时此刻，我们的心中充满了感激——

我们感谢，感谢各级党委政府和教育局的领导。作为平凡的人民教师，我们在自己的岗位上做了应该做的事情，尽了自己应该尽的职责，但各级领导给了我们很高的荣誉、很多的奖赏。这些信任、鼓励和鞭策，汇成了一股股推动我们不断前进的强大力量，脚步永不停歇，追求永无止境！

我们感谢，感谢各级教研室的教研员老师。是他们，将自己宽广的视野、渊博的学识、丰厚的经验，毫无保留地传递给我们，从专业的引领到思想的升华，给我们一次次生命成长的感动。是他们，把专家请进来，我们才有幸跟大师名流进行思想碰撞、智慧交融、心灵互动，在研训中启迪，在反思中感悟，在实践中发展。是他们，把我们领出去，在聆听专家报告、考察知名学校、交流总结活动中，育人理念得以更新、专业内涵得以提升。

我们感谢，感谢我们学习、生活、工作过的学校。是学校为我们搭建了在文化涵养中完善人格、在专业引领中成长进步、在超越自我中实现梦想的广阔舞台。是校领导用自己的伟岸人格铺设了我们自由发展的桥梁；是同事们用真诚、热情、友善、关爱等无数个和谐音符奏响了大家同赢共进的旋律。

我们感谢，感谢我们的学生。是孩子们对知识的渴求和充满生命灵性的目光，时刻驱动着我们，使我们孜孜不倦、勇敢跋涉。是孩子们充满活力的课堂，让师生共同振奋、共同成长、共同欢乐，一起探索孩子未知的秘密、一起体验成功进步的喜悦。是师生间心灵交会、智慧碰撞的火花让我们教师的世界更加灿烂，是学生让我们在传递未来的事业中，洋溢自豪、挥洒幸福！那是花苞绽放的欣喜、生命历程的灵动、心智成长的温暖。

我们的心中在充满了感激的同时，更充满了专业成长的强烈愿望和奋力前行的无穷动力。现在，我代表名师工作室主持人郑重承诺：

1.认真执行《广饶县中小学名师工作室章程》，努力履行主持人的职责。我们将以强烈的事业心和责任感，潜心钻研业务、努力提高自身素质，以高度的热忱发挥名师工作室的引领、示范、辐射和带动作用。

2.与学员们一起不懈探索，加快工作室教师专业化发展的步伐。树立"相互促进、教学相长、共同发展"的工作理念，经历工作室作为"新型的学习型组织"的创建与发展之旅。通过课题研究，解决教育教学实践中的共性问题，并及时把课题成果转化为新的教育教学行动，提高教育科研的实效性。

3.始终追求"开放、互动、高效"的工作新格局。做到两个"拒绝"

三个"坚守"，即：拒绝急功近利、拒绝迷信盲从，坚守教育规律、坚守工作激情、坚守以人为本。

各位领导，各位老师，"盖有非常之功，必待非常之人。"请相信我们全体名师工作室主持人会勇敢地肩负起时代的委托，欣然接受明天的邀请，跟工作室学员心手相牵，精诚合作，努力奋斗，为我县教师队伍素质整体提升，为"让广饶的孩子接受更好的教育"做出积极的贡献！

下面，我用自己创作的一首小诗结束我的发言——

养成严谨规范的学风，
凸显规模发展的效应。
创设良性竞争的氛围，
掌握学术潮流的脉动。
博采众家思想的精髓，
探索本土教育的迷踪。
放飞素质教育的理想，
绽放梦想开花的笑容。

谢谢大家！

2009 年 5 月 20 日

2

一步步成长，有如一个个梦想开花
——"齐鲁名师培养人选"个人发展情况总结

5年风雨兼程，5年磨砺成长。怀着无比激动的心情，迎来了省教育厅对我们首届"齐鲁名师"培养人选的考核认定。

光阴荏苒，日月如梭。对于我们每一个"幸福地走在未来教育家成长路上"的齐鲁名师建设工程人选来说，5年的培养期如同恍然瞬间。因为，忙碌中的充实为我们注入了马不停蹄的无限活力；因为追随理想的信念为我们绽放了塑造未来的职业幸福。在2004年9月至今的令生命感动的时光里，省教育厅为我们搭建了一个个专业成长的广阔平台、美丽舞台。在这一有远见卓识的名师工程中，我们每时每刻都能在自己坚实的脚步中，真真切切地聆听到山东省教师发展的福音、素质教育的福音、课程改革的福音。这正是教育事业的福音！

几年来，省教育厅、市教育局、县教育局以及我们工作的学校组织了多次名师培训提升、辐射带动活动。每次活动，我都能安排好学校的工作，认真完成每一项任务，积极参与，走好培养期的每一步。5年来我一直心潮澎湃、激情万丈，为自己的成长进步而欢欣鼓舞、为自己的作用发挥而充盈自豪。我每天都在重新审视自己、不断反思自己、悉心弥补自己，脚步永不停歇，追求永无止境。

一、在修德中提升素养

奉守"德高为师，身正为范"的从业准则，严于律己，光明磊落，温良恭谨，与人为善。以校为家，恪尽职守，勇挑重担，超工作量满负荷运行，常常为工作而废寝忘食。热爱学生，"大爱"育人，工作中时刻洋溢"人文情怀"，不仅在课堂上坚持德育渗透、关注孩子的情感态度价值观，而且注重从思想上、生活上、学习上全面关爱学生，在学生和家长评教活动中深受敬重与欢迎，得到广泛赞誉。连年被评为"优秀共产党员""先进工作者"。

二、在学习中发展内涵

信守"以学习者身份从业，以思想者姿态施教"的工作准则，在勤于学习、耕读不辍的过程中苦练内功，在教学上不断超越自我。在深入细致地研读教材、《课标》的同时，围绕研究主题在沙龙研讨等活动中进行质疑与思辨。订阅专业杂志6种，几年来购买优秀书籍100余册，取法乎上，潜心阅读，兼收并蓄，取精用宏。正是在这样的读书背景下，本人立足于践行课程改革新理念、追踪把握教育改革的新动向，在教学设计上博观约取，追求"用教参而不囿于教参"的个性化处理，总是在广泛占有资料的前提下精心选材备课，形成了"纵横拓展，浅入深出，知能并重，激思启智"的数学课堂教学特色，所教数学课深受学生喜爱，学生的数学学科素养有可见、可感的良好发展，教学效果好。积极投身教研教改，多次面向校内、省内同行上教研公开课和示范课，所授公开课得到领导及同仁的好评。

几年来，作为首届"齐鲁名师"建设工程人选，先后参加华东师范大学高级研修班、济南研修班、国外培训团等，随后向省教育厅领导汇报、参与"名师"之间的"深度思想碰撞"交流活动，撰写多篇学习感悟、教育反思、培训随笔、考察报告等，加快了个人专业成长的步伐。

集体的力量是无穷的。每天组织学科组教师集体备课，讨论教育教学过程中出现的问题，在讨论交流的过程中，增长知识和才干；每周和老师们一块说课磨课评课，既相互学习教学经验，又可以通过评课环节深入反思。既有利于青年教师的进步，又有利于自我发展和提高。

融入团队激扬智慧。郑金丛工作室虽然只有 6 名成员，却是一个团结合作、乐于学习的团队。在这样一个团队中能时时感受到热切的学习氛围、学习思辨的快乐，因为值得学习的对象就在身边。在每一次的工作室活动中，总能感受到伙伴们闪耀智慧的思维火花，总能欣赏到作为领衔人的自己让人茅塞顿开高屋建瓴的点睛之语。智慧的分享让我视野开阔，思想升华。

三、在实践中催生智慧

5 年中，作为齐鲁名师建设工程培养人选，作为名师工作室领衔人，自己牵头或以自己为核心已开展了无数次关于教材课标研读、高效课堂建设、教师专业成长等多方位的实践研究活动。每一次的活动都提供了实践研究的平台，提供了勤练内功的舞台，提供了催生智慧的沃土，每每在万千感慨中的收获都十分令人欣慰。

1. 专业引领，碰撞智慧。

一方面，导师面对面——引航课堂探究走向纵深，碰撞学科育人的专业智慧。省市县各级教研室的教研员老师们，给予我最生态最直接的专业引领。从最前沿的课标理念，到最根本的课堂实践；从最高深的数学思想，到最生动的观察操作；从最庞大的知识体系，到最具体的细节雕琢；从最理性的逻辑思维，到最感性的情趣激发……教研员老师们是我专业成长最贴心、最渊博的导师，是他们给予我滔滔不绝的专业涤荡，我智慧的泉才会在频繁而深刻的碰撞中，永不枯竭，不断迸射出闪耀光芒的智慧火花。

另一方面，专家面对面——启迪思想润泽心灵，涵养文化育人的大家智慧。与教授、名师、名校长近距离，聆听他们的专题报告，走进他们的人文课堂，考察他们的优质学校，在海量而新鲜的吸纳中，在激烈而深刻的反思中，在忘我的反复实践中，自己的智慧在一点点增长，自己的悟性在一天天增强，自己离成功也越来越近。

2. 反思重建，提升智慧。

名师工作室营造了实践研讨的浓厚氛围，也促使工作室成员养成了反思的好习惯。对课堂问题的反思使我们对同一教材内容经常会产生不同的构想与设计，也激起了大家参与教材重建与再实践再研究的热情，来感受学术进取永无止境的迷人魅力。重建活动中的"一课三教"真的是牵人心魂让人醉。成长于活动链条中的每一个人都是主角，无论台前主演，还是幕后筹谋，大家都在个性彰显、匠心独具的呈现与争辩中，在编剧、排演、打磨、修正的反复轮回中，提升智慧，锤炼本领，乐在其中。

3. 同课异构，启迪智慧。

为了探讨高效的课堂模式，县教研室组织的数学学科"同课异构"研讨活动于 2009 年 6 月 16 日在我们同和小学隆重举行。

活动中，分别由青年数学教师和作为齐鲁名师工程人选的自己先后讲授同一内容，然后是说课、评课活动。我们两位教师通过执教同一教学内容，体现"不同的教学理念、教学设计和教学风格"，在异曲同工之中实现"高效教学"的共同诉求，展示了"同课异构"的研讨思想。

县教研室焦文海老师从"数学情境活动的思维含量、课堂问题的思维高度、数学模型的抽象构建、教学设计的层次性、课堂互动的多元、小组学习的有效、课堂核心教学目标的凸显、不同学生的因材施教"等多个方面做了精彩的点评和指导。来自全县局属小学的教导主任、骨干教师、乡镇教育办的教研员等，参加了研讨活动。

大家一致认为，"同课异构"的课堂教学研讨活动，能有效地在名师带动下促进青年教师内涵发展，促进"高效教学"模式的构建，是一个"学术交融、思想碰撞、心灵敞亮"的研究沙龙，是引领教师专业化成长的有效载体。

四、在引领中辐射带动

"一枝独秀不是春,百花齐放春满园。"作为齐鲁名师工程人选,在实现自我提升的同时,积极带动更多年轻教师成长、带动本土教育的发展。

始终把培养青年教师作为自己义不容辞的责任之一。广饶县第一实验小学、广饶县同和小学的许多年轻的数学教师们,都在我"手把手"的引领和带动下,取得了长足的发展和进步。

开展"备课、讲课、说课、评课、课标解读"一条龙活动。充分发挥自己的"名师"资源优势,2009年五六月间,面向全校数学教师执教研究课5节。每节课都历经精心备课、公开上课、反思说课、集体评课、课标解读的五环节一条龙流程。从一年级到五年级课题分别是:

一年级《整十数加、减整十数》;

二年级《 认识角 》;

三年级《制作年历》;

四年级《用字母表示数》;

五年级《中数、众数和中位数》。

从一年级上到五年级,5节课涵盖"数与代数、空间与图形、统计与概率、实践与综合运用"等4个内容领域。

"一条龙"活动对数学课堂的导向作用是明显的,以高涨的热情参与活动的全体数学教师一次次感受到了如沐春风般的专业引领。

自"齐鲁名师郑金丛工作室"成立以来,全面实施"名师带动工程",发挥名师带动作用,努力打造一批具有良好的师德修养、先进的教育理念、厚实的专业功底、扎实的教科研能力的教师队伍,实现"教师专业成长"和"课堂高效育人"双赢的目标。按照"工作规划",工作室的教学、教研成果以论文、专著、研讨会、报告会、名师论坛、公开教学、专题讲座等形式向外辐射,示范引领全校全县数学学科高效课堂建设,促进课堂教学提升、教学质量提高和教师专业成长。

在市、县、乡镇教师培训及家长培训工作中，发挥了应有的导向和辐射作用。先后做报告近30场，近100课时，主题有《当老师的感觉真好》《做与时俱进的教师》《奏好"爱"与"责任"的交响曲》《快乐成长在"大爱"的时空》《我们的孩子需要什么》《让素质教育深入人心》等，均引起强烈反响。

五、在研究中笔耕沉淀

参加了中央电教馆的"信息技术与学科教学整合的理论与实践研究"，是子课题"关于信息技术与数学教学整合的教学设计的研究"的课题组负责人。带领课题组成员经过两年半的"浴血奋战"，在理论层面和实践层面均取得了可喜的进展，于2004年9月顺利通过中期评估。在2005年7月9日专家鉴定会上，我执笔撰写的近30000字的研究报告及20分钟的PPT幻灯片展示汇报，受到专家评估组的一致好评，圆满结题。同时学校被评为"实验研究先进单位"。后来，自己主持的基于"教材内容"层面的"四模式"研究成果和基于"教学设计"层面的"十化"研究成果，又被专家确定为重点推广的研究成果。

我曾被聘请为教育部立项教科书《品德与生活》《品德与社会》编写组成员，被聘请为北京师范大学新世纪（版）数学实验指导委员会委员。2006年1月，参加义务教育课程标准实验教科书《数学》的编写。2008年春季，作为主要编委之一参加《走进名师课堂》（小学数学）的编写，全书计32万字，2008年7月由山东人民出版社出版，令广大数学教师爱不释手。

近年来，我还主编并参与编写了20余册与新课程同步的教师用书和学生用书，受到了广大教师和学生的喜爱。《教师课堂语言的"六性"》《一堂没有结束的实践活动课》《数学教学设计的"十化"》《信息技术与教学整合的数学教学设计的"四模式"》《文化管理，专业引领，超越规范》《用"距离"意识反思教师的人文情怀》《领略幸福，超越规范，自我实现》《采摘"评价改革"中几朵娇艳的小花》等多篇教育论文、反思、随笔在《小学教学研究》《小学青年教师》《创新教育》《数学新教材新课堂》等省级以上学术期刊发表。撰写的教育叙事《只看所有的》《你是那横跨大洋的海鸥》《身边有个漂亮小女孩》分别荣获省二、三等奖。设计的《小小"五个点"，联想大世界》《一堂"实践活动"课的课外功》等数学课例均荣获东营市创新教育案例"一等奖"。

……

六、在平凡中享受伟大

作为教师，我们是很平凡的，但绝对不平庸。我们的志向是在平凡的工作中成就不平凡的事业。我们从平凡的人做平凡的事出发，脚踏实地做好当下的工作，每天都全力以赴地对待每一件平凡的小事。在我们的内心，从不认为自己所做的是平凡的小事，而是认为自己是在滋育"人类灵魂"，是在经营"百年树人"的伟大的教育事业。

从青春年华到雪染秀发，几十年如一日，我们踏出了人生靓丽的轨迹。学生将我们比作"生命中的明灯""严冬里的炭火""酷暑里的浓荫""托起少年攀登的脊梁"……"奉献""光明""温暖"成为我们的代名词，这的确是我们的伟大之处。

"天涯海角有尽处，只有师恩无穷期"，自己的付出得到了学生的认可、感怀，并被他们长久铭记。然而，我认为，教师的伟大绝不仅仅在于这些。在我的心中有个更重要的东西从来不会被忽视，那就是——教师是在与一些极具可塑性的孩子做着与国家未来息息相关的事情。每天昼想夜梦的都是：在如此复杂的社会环境下，如何把孩子们培养教育好，让他们筑牢基础、根正苗红、学有所乐、学有所长，将来成为社会的有用之才、栋梁之材。可以说这是世界上最难的工作，而自己正是从事着这个世界上最难的神圣而伟大的职业。

更可喜的是，自己作为首届"齐鲁名师培养人选"，从主体感受上正在实现由"琐碎平凡"向"幸福伟大"的蜕变与升华。

"一个美丽的灵魂做出了一个美丽的决定"，一辈子将善良传承，将真理传承，将文明传承，将创造传承——将一切美好的东西传承于万千幼小心灵，将平凡中的伟大进行到底！

五年种瓜豆，守园品醇甘。"十年磨一剑，砺得梅花香"。攀高奔远复命来，十里花开展容颜。一步步成长，有如一个个梦想开花——依然忙碌，依然欢喜，我的日子里有梦想有看得见的远方，奋斗的脚步有急有缓，最明媚的向往是花开不断。

2009 年 6 月 21 日

3

给我一个班，我就心满意足了

我经常会拷问自己工作中的"担当"与自己所拥有的一切是不是匹配，而最终，都会聚焦于两个"难点"——今天，我个人的成长度如何；今天，我又为帮助青年教师成长做了些什么，效果怎样。往往，这两个"难点"的突破，是双轨并行的、相互成全的艰难而又美丽的行程。

在英才学校小学部的几年里，面对 60 多位风华正茂、生机勃勃的班主任老师们，时常会产生去引领、去转益的冲动。于是，自己在行思坐想、长虑顾后的反复斟酌之下，拟定了班主任培训的标题为《给我一个班，我就心满意足了——聊聊我们的班主任工作》，对自己字斟句酌的提纲也很满意：

◇班主任的"传家宝"

◇班主任的"加油站"

◇班主任的"分身术"

◇班主任的"辩证法"

每一个内容都不是凭空而出，脑子里都有擘画好的框架和丰富充足的内容。只想，把文字写出来，把课件做出来，把思想散出去，把年轻的班主任群体带起来。深得，撰稿、备课与授课的过程，不仅是向外传播的快乐行程，更是向内修造的美丽旅程——这样走过的生命履历，是多么"暖心"，多么有意义。

自己是一个对待事情苦心积虑、研精覃思的人。话说仅仅这《班主任的"传家宝"》，8400字的讲座文稿，106页的PPT授课课件，14页的PPT作业辅导课件，加上前后两场共5个小时授课，审阅批阅老师们发送的180份作业（第一期培训结束后，每人完成参训体会、教育案例两项作业；第二期培训结束后，每人二选一完成一项作业）——足足花费了3个多月的时间。当然，我是在完成自己的课堂教学任务、教育管理任务之余，见缝插针抽时间在三个月里把上述事情完成的。

"春种一粒粟，秋收万担粮"。好的收成会给人心头甜美的精神回馈，同时会产生乐而忘返、欲罢不能的积极效应。一方面的收成是，许多班主任工作的"山人妙计"今天被我传播出去，明天便会在校园里立竿见影，后天更会发扬光大；另一方面的收成是，高素质的年轻教师通过文字传递出各自的思考和行动，这青春飞扬的奋斗节奏，着实令人欢欣鼓舞。

且看来自他们的思想之声、肺腑之语——

（一）勤思好学为人师

受感于郑校长之报告，思澜起伏，若涌若奔。斗转星移，吾立杏坛亦五载有余矣。探海觅珠，师涯乘浮，当有所获。且记随笔一文。

郑校长以数十载之阅历，睿智之识，归班主任工作于"早靠勤严细，公威恒礼正"。寥寥十字而已，然字字珠玑，声声掷地。班主任工作纷繁芜杂，更有各种突然之变故，初为者如堕五里雾中，如泛不系之舟，茫茫然乎不知彼岸。若得此十字于心头，必可拨云见日，境界大开，此实可奉为圭臬也。

吾常忧者，执教者可有一言而贯之？有乎？观郑校长之言，之得，今得也，当思以贯之。教书育人之业，何其圣哉！学生代代相替，一代有一代之思想，一代有一代之性格，若无思辨明察之力，岂不成僵硬死板之朽木？故曰，博学之，审问之，慎思之，明辨之，笃行之。

既求生之进步，师必与时而动。

吾凝神而思，师生相处情景，历历在目：有对答如流之默契，有谈笑风生之惬意，亦有面红耳赤，怒不可遏之时。其中不乏深有启发之事，若珠宝嵌玉，铭刻在心。今次报告得知，若此事例，但得佳笔，润酿成文，即一教育案例，近可自省，远可相鉴，真一实用之文也。静默良久，几篇案例，构藏于胸。欲下笔时，却感行文艰涩，恐文有质而无华，徒劳而无功。甚矣，久不为文！而今往后，当重拾朝花，史记所感，集胸中点墨，成几佳作！

言谈有尽，思虑无穷。且寄二言以自勉，一则曰，思无邪。谓师承德于天，当终持中正之心，不偏不倚，秉初心以育人。二则曰，路漫漫其修远兮，吾将上下而求索。谓师道艰长，为师者任重而道远，不可不励也。

——刁东光

（二）和学生一起成长

9月21日下午，带着极大的渴望来听郑校长这场关于班主任工作的报告，坐下的几分钟脑子里还在想着：作业要批，积分评比的小组还要重新分一下，明天要听师傅的课，需要调课，跟哪位老师换呢？"给我一个班，我就心满意足了。"蓦然看到大屏幕上的标题，"心满意足"四个字极大地冲击了我的大脑。

我是新教师，任教四年级十一班，入校20多天来，我的感受是每天从睁开眼就是一场不停歇的战斗，时常毫无头绪，茫然无助，与心满意足的感受真是差之千里。但是，我又极羡慕这位心满意足的老师，"给我一个班，我就心满意足了"，这不正是一位幸福感特别强，特有成就感的老师吗，是目前的我可望而不可即的目标。

听了郑校长"班主任的传家宝"的报告，她结合自身经历，理论与实践结合，捡取身边的真实案例，以深入浅出的讲解，将自己的切身体验侃侃而谈，让此刻的我身份也转换成一名小学生，迫切地吸取着前辈老师的宝贵经验，谆谆教诲，如沐春风。

早、靠、勤、细、严、公……郑校长关于做好班主任工作的十字箴言，每一项都说在我的心坎上，如一盏指路明灯，给在黑暗中茫然摸索的我指明了方向。我深感自己作为一名新教师的不足，20多天的经历告诉我，要想做一名好老师，光有热情和梦想不够，还要扑下身子去实干，在实干中了解不足，及时完善自己。郑校长传授的宝贵经验是班主任的传家宝，翔实具体地告诉我们应该怎么去做，怎样做能把事情做好，怎么做能更快乐。很庆幸学校有那么多如郑校长一样优秀的前辈老师，跟着榜样前行，能让我们少走一些弯路，能更快地去适应班主任工作。

听着郑校长的讲解，我还有一个深刻的感受是她话语间透露出的那份爱，对教师这份职业的热爱，对学生们那份发自内心的爱。与校长合影，孩子们那一张张灿烂而自豪的笑脸；老师和学生一起捡叶子打扫卫生的场景，其乐融融；老师和同学们一起放风筝，迎接春天……孩子们笑了，老师也笑了，我从中感受到了为人师者心里那份由衷的喜悦之情。教师是一份与众不同的职业，如果一个老师能把爱倾洒在每一个学生身上，带着爱与责任投入这项事业，看着一棵棵小苗茁壮成长，待到花儿含苞绽放，那一刻的心情该是何等骄傲啊！

何其有幸，能来到这样一个充满朝气、奋发向上的大集体，成为其中的一员；何其有幸，身边有那么多的前辈和榜样，将自己的经验倾囊相授，让我不觉无助；何其有幸，我有一个班，52名学生跟着我这个大班长，我深感责任在肩……

我是一名教师，也是一名学生，从点滴做起，和学生一起成长进步，这是我此刻最大的感悟。

——成小敏

（三）聆听每一朵花开的声音

2016 年 9 月 21 日，有幸聆听了郑校长主讲的班主任培训会。这次培训带给我的，不仅仅是做班主任方面的指导与建议，作为毫无经验的班主任，更是一次精神上的冲击与洗礼。班主任，是承担与责任，是付出与爱。我需要做的，是竭尽全力，是尽我所能，是耐心静静聆听每一朵小花开放的声音。

当我走进报告厅的时候，最先吸引我的，是这次培训的主题：给我一个班，我就心满意足了。说实话，刚开始这句话令我唏嘘感慨不已。当班主任这么累，是怎样的情感，才能说出这么一句话？当和善优雅的郑校长在讲台上娓娓道来的时候，一切似乎开始发生变化。那是一种经过时间的历练，洗尽铅华的优雅与从容，是一种心系学生的大爱，是来自心灵最深处的声音。

听了郑校长的话才觉得，自己以前所谓的当班主任的苦，跟班主任得到的甜相比，简直不值一提。班主任是最早来到，最晚离开的，可也因此见证了每个孩子全天的表现，见证了他们一天强于一天的成长；班主任是每天待在教室时间最长的人，但也成了陪伴学生们最多的人，最快认识每一个孩子的人；班主任是最勤快的人，可正因为如此，不仅锻炼了自己，提高了自己的灵活度，更快速地跟孩子们打成一片，与可爱的他们心心相印；班主任是看起来最严厉的老师，甚至严格要求学生们的方方面面，但殊不知，这严厉且细致的要求背后，是我们对每个孩子浓浓的爱。班主任不是最累的老师，而是最幸福的老师！似乎我也可以体会，郑校长为什么把培训会的主题定为：给我一个班，我就心满意足了。

最让我眼前一亮的，是郑校长说的——班主任不仅仅是尽全力、用蛮力，更多的是用智慧，让自己轻松的同时，达到事半功倍。其实刚入职没几天就发现，有很多有经验的班主任，管理班级毫不费力，但班级仍然井井有条；自己已经声嘶力竭，班里却乱作一团。其实就是自己没有动脑筋，没有多观察、多学习，没找到更好的方法。

当了班主任才突然觉得，"老师就是园丁"这句话真的不是空谈，我们真的像一位园丁，守着自己美丽的花园，这个花园里长着各式各样的花朵，它们的种类不一，开花的早晚更是千差万别，但正因为如此，我们的花园才如此美丽。而我们要做的就是用自己的耐心与智慧，把每一朵花好好守护，让他们都开成自己最美的样子。到那时，我们只要静静聆听，就好！

我爱班主任这个称呼，更爱自己花园里的每一株花朵。

——相凯莉

（四）品尝"甜头"，我更优秀

9月21日周三上午，我们全体班主任在学校报告厅聆听郑校长的班主任工作报告会，感觉受益匪浅。郑校长的博闻广识、生动讲解、精彩案例无不在我脑海里留下了深刻的印象。

"传家宝"中的每一样宝贝，只要我们用心吸纳、仔细领会、指导实践，我都能从中品嚼到诱人的"甜头"，这"甜头"会灌溉我们的头脑和心灵，让我们在热情澎湃中不断走向更加优秀的成长快车道。

一、关于"早"

对于郑校长说班主任到校要"早"以及"早"到的好处，我深以为然，总结起来，有以下几点好处：

一是，能够监督学生及时有效地完成卫生的清扫以及个人物品的整理，顺利进入学习状态。

二是，能够对学生出现的一些突发状况做出及时处理，例如忘带课本、作业等，以避免影响孩子上课。

三是，能够及时了解学生的作业的完成情况，有效处理和辅导孩子们作业中出现的问题。

四是，能够有效引导学生的自主学习并形成习惯。

五是，可以与一些学困生、特殊学生谈心，利于他们各方面的健康成长。

……

总之，早到十几分钟，班主任的工作会更主动、更轻松、更高效。

二、关于"靠"

记得有一天，体育委员气急败坏地跑进办公室。我问她："怎么了？"她委屈地说："这节课是体育课，可是同学们都在楼道里打闹，我怎么管他们也不听。"我赶紧和她一块过去，跟她一起组织好队伍。孩子们上课去了。生气之余，我想：都五年级了，怎么还不如四年级的时候听话呢？是不是刚开学的原因呢？从那以后，每当学生去功能室或体育场上课，我都及时地去检查学生的排队情况，时间久了，孩子们也变得有规矩起来。

其实，班主任在时间上"靠"得上，对班级管理是非常重要的。比如，课前盯靠，可以引导学生从无序的、自由散漫的状态转入有序的、自主学习的状态，为课堂教学的顺利进行打下基础。另外，班主任"靠"得上，还可以有效地预防学生意外事件的发生，深入了解学生的种种情况，使班级管理得心应手。

一个"靠"字，是班主任的至宝，什么时候也不能丢掉。直到我们管理的班级，我们班里的学生，在自主管理方面提升到另一重高端境界。而这，何其艰难，何其遥远。

三、关于"细"

以前，我们常常会发现一种现象：教室里空无一人，电灯亮着，风扇也开着。问的时候，学生也都互相推诿，这实际上就反映出的是值日分工的模糊造成的问题。比如：有的班主任规定挨着窗户的同学开关窗户，可是座位一调整，班主任再不及时叮嘱"新"同学，就会出现忘关窗户的现象。

所以，郑校长在报告中提到的"细化分工"就显得尤为重要，比如，找几个心细的同学，把班里的风扇开关、电灯开关、窗户开关、开门锁门等事项都固定到个人，就不会出现诸如忘关灯、忘锁门等事件，也就不会有因为这些小事而产生的烦恼了。

四、关于"勤"

俗话说"勤能补拙"，作为班主任，要勤往班级中跑，勤跟学生、家长沟通，勤与任课教师交流，勤发现问题，并及时处理。班主任要经常到班里走走、看看、问问，与学生聊聊天，问一问他们生活中的趣事，这样，才能真正了解学生的情况，及早发现学生存在的问题，对班级工作就会心中有数。这既是班主任工作的需要，也是建立良好师生关系的基础。

我是一个比较"勤"的班主任。每天早晨我都会要求各学科的学习小组长给我写一个作业反馈条，主要记录学生的家庭作业情况，作业优秀或作业进步的学生要及时表扬，不完成作业或作业很差的学生也要及时了解原因，及时与家长沟通，着力纠正孩子的一些不好的学习习惯，以促进学生的进步。

总之，班主任的工作千头万绪，为了扎实而有效地做好班级工作，就要对自己的班级管理工作不断地反省，不断地总结，不断地提升。这样才能朝着更加优秀的目标不断前进。

品尝"甜头"，我更优秀——我信心满满。

——聂小磊

（五）智慧的传递

2016 年 11 月 30 日，我们很荣幸地在学校报告厅"接受"了郑校长给我们所有班主任的"福利"——"班主任的传家宝"的后四个内容：威、恒、礼、正。加上前一次的一共十个字："早靠勤细严，公威恒礼正"。听完郑校长亲切质朴的话语，这十个字便深深地印在了我的脑海中。

郑校长讲话总是深入浅出，能把每个事物情形的含义表达得淋漓尽致，或者借经历谈感触，或者联系前沿理论谈措施，总是可以给人很多启示。

通过这次学习，我做了以下总结与反思：

一、一个"威"字学问深深

班主任一定要用真本事不断树立自己在学生中的威信。教师在学生中享有较高的威信，是搞好教育教学工作的前提和保证。苏联教育家赞科夫说："假如没有威信，师生之间不可能有正确的师生关系，也就是少了有效地进行教学和教育工作的必要条件。"

在我工作的这几个年头里，不管是我的亲戚还是我的长辈，每次和我聊起"你当班主任吗"这个话题时，他们就这样说："看着你这么和风细雨的，这么温柔，学生怕你吗？"我的回复总是这样："我和学生在课堂上是师生关系，在课下是朋友关系。该严时严，该松时松。我们有共同的约定。"今天看来，我离"威"字还有较大的距离。

我一直都很崇拜颇具威信的教师，我一直也在思考如何才能做一个有威信的教师？在工作中我不断寻找方法，汲取具有威信教师的经验。但是，头脑里对"威信"的定义还不够明确，也没有具体地去实施。

这次我倾听了郑校长的报告后，感触很深，我将在实践中，努力去做一个有威信的教师，一个有威信的班主任，完成自己的一个小小心愿——把应有的"威"竖起来。

二、一个"礼"字意味悠长

对学生和家长以礼（理）相待很重要。在这方面，郑校长谈到除了对学生和家长以礼相待之外，还说到了对家长更要以"理"相待，尤其是面对那些需要"教育"、需要"引导"、需要"提升"的家长。郑校长的意思大致是——"有理走遍天下，无理寸步难行"。面对个别"无理取闹"的家长，我们要用教育理论、管理本领及沟通技巧来不断武装和完善自己，才能打出一场场"有理不在声高"的胜仗，才能时时处于"师者如水，润物无声"的至高境地。

作为一名教师，尤其是班主任，我觉得一定要学会怎样和家长沟通交流。常言道："敬人者，人恒敬之"，我们必须尊重家长，尊重家长的人格。

我们平常见得最多的是，班里的"落后生"如果违反了纪律，老师的情绪会受到事件的左右，被"传染"的坏心情会让他更加生气，甚至把家长请来之后，就连家长一同数落一顿，这样的后果可想而知——因为，这严重违背了郑校长所讲的"礼"之道和"理"之道。

所以，我们要放下"教育权威"的架子，经常向家长征求意见，虚心听取他们的批评和建议，以改进自己的工作。这样做，定会使家长觉得教师可亲可信，从而诚心诚意地支持和配合教师的工作，维护教师的形象。

三、一个"乐"字心满意足

工作的这几个年头，对我这名年轻的班主任来说，深深地体会到班主任工作的重要和艰辛。班主任不仅要有高度的责任感、事业心，而且要有较强的组织能力，较高的教育艺术和科学的教育教学方法。

"当班主任很累，累且幸福着；当班主任很苦，苦且快乐着。"班主任工作饱含了太多的诗意和艰辛、太多的获得和奉献、太多的责任和义务。聆听了郑校长无私传授的教育之道，让我明白了要想做一名优秀的班主任，只有在工作中用智慧巧妙管理班级，才能在管理过程中让自己越来越得心应手，让幸福快乐成为工作的主旋律——我会更加心满意足。

郑校长的话语简洁又不乏幽默，还颇具说服力，以至于每一次开完会，大家在交流时都会不经意地去引用郑校长的某些经典句子。

"路漫漫其修远兮，吾将上下而求索"。在今后的教学中，我要扬长避短，汲取郑校长报告的精华，将这次学习所得真正融入自己的教育教学中，努力在实践中获得成长。努力将这"智慧的传递"内化于心、外化于行，我信心十足。

——高文文

（六）人文的关怀，智慧的方法

"最成功的教育往往是最无痕的教育"。这是郑金丛校长《用"距离"意识反思教师的人文情怀》一文中的一句话。文中提到，"人文情怀的基础是教师和学生之间浓郁的人文气息，是教师不折不扣的人文思想。"郑校长的班主任论坛报告就充盈着这种人文情怀，丝丝缕缕、萦绕心间。

报告中不仅充溢着人性的关怀，更是充满条理清晰的智慧方法。这些智慧的方法正如夜空里颗颗闪烁的星辰，为我们的班主任工作照亮路途。尤其是对我这个没有任何经验的新手班主任来说更是"干货"满满，其中提到的"班主任的传家宝"更是条分缕析，富于启发性，易于掌握，便于上手。这不，听完报告后的当天我就开始行动啦，综合这几天来看，虽然还没有达到完全让人满意的效果，但与原来比已经有了很大进步，在这里借文章来总结一下。

"品尝 7:10 到校的甜头"，这是郑校长报告中一条醒目的标题。

在这个标题下提到了对于班级、教学等工作的早策划、早筹谋。这一点可以说是正中我们新手的软肋。对于新手来说，时间上的"早到"不是问题，但计划上的早筹谋却是大问题。因为他可能不知道下一刻要迎接的是什么。所以，不仅需要"早"更需要"勤"。

对于"勤"，郑校长更是花费大量笔墨来指导，"腿勤""脑勤""眼勤""嘴勤""手勤""耳勤"这六个方面详细论述了具体的方法，指导性、操作性极强。我结合我们班级的情况，进行了一些尝试，有进步，有收获，也有问题。借文章写出来，来探寻前辈真正的智慧。

比如那些"扫不完的落叶"。这学期，我们班的卫生区可以说是"重灾区"。且不说楼内那"悠长悠长"的走廊、楼梯，单是室外卫生区里那些要换"新衣"的大树，已是让人十分头疼。值日生不仅经常扫不干净而且迟到。听了郑校长的报告，真是如获至宝。第二天，我就让全体同学一起去捡树叶，果然效果非常明显。当时还提了一个要求就是哪个小组捡的最快最多有加分。结果，虽然我跟着到了卫生区，有的小组为了获得加分竟然偷偷从垃圾桶里捡树叶。当事后学生告诉我这事，我简直是被孩子们的脑洞大开惊呆了。

同时，我每天早上跟学生一起做值日，在干的过程中，我发现，除了几个学生，大部分学生真不是懒，而是真的不会干。大扫把顺着方向划拉，用小扫把去扫那么长的路，每个来到卫生区的同学都是从一开始进入卫生区的地方开始扫，而那块位置已经不知道被之前来的多少个同学反复扫过了……

针对上述这些问题，我采取了"早去陪干教方法、晚走监督促速度"等办法，有进步但依然不够好。可能时间还不够，还需要更长时间的指导与磨合。

开学之初由于不了解学情安排的小组长，有些直接无法胜任，这次不免又要换掉或者加大培养指导力度。这还是对学生了解不够造成的。

其实上面遇到的困扰，正是缺乏郑校长报告中所体现的"人文关怀"导致的。所以说，再好的方法，再多的智慧，都要建立在对学生的了解，对学生的爱的基础上，才能产生理想的效果。这一点我差得还很远。

前路虽宽阔远长，然我心有明灯，定能觅到方向；人生如棋，我愿如卒，虽行动缓慢，可不曾后退一步。

——袁飞

（七）贵在有恒

这个学期，我们分两次参加了郑校长的班主任工作讲坛，她与我们分享了班主任的"传家宝"十字箴言——早、靠、勤、细、严，公、威、恒、礼、正。记得第一次报告是在 9 月 21 日，那时我刚入职 20 来天，满怀一名新教师的彷徨和困惑，郑校长的报告如及时雨，给我指引了方向；第二次报告在 11 月 30 日，转眼间，我已入职 3 个月，此时的心态与前一次有了些许不同，我对班主任的日常工作逐渐了解并适应，但同时又深感自己要充实提高的诸多不足之处。十字箴言是郑校长的教学和带班智慧，每一点都值得仔细推敲、咀嚼。其中，我觉得最难能可贵的就是一个"恒"字吧。这也是我从身边许多老教师身上感受到的。

贵在有恒，要有一颗乐观的心。面对复杂琐碎的班主任工作，我想最先需要的是一份好心态。郑校长还有许多优秀老师，给我的印象是优雅的，得体的，似春风化雨般去爱孩子，教孩子。他们都取得了很多成就，所以做一份工作先要去热爱，投身其中便是享受吧。人往往是经历过的困难和伤痛最难忘，所以不管做什么事，都要怀着一份积极的心态做到最好，即使现在会觉得苦，将来回忆起来也是甜的。

贵在有恒，当坚持成为一种习惯。我们教育学生学习要持之以恒，教师的教学、班主任日常工作同样也贵在有恒。日出而作，日落而息，教师的每一天总是迎着朝阳走进校门，晚上踏着暮色奔向家门。时间表细化到几点几分，每天上课、跟班，以及其他各项应急琐碎事宜，会让你处于忙得团团转的状态。既要清楚班主任工作的特点，又要不断去适应它，把握它。回顾一个学期以来的工作，孩子们能健康快乐地成长，班级活动、卫生、课间操、晨读午写、路队等等每一项都足够尽心，那也是很有成就感的吧。

贵在有恒，要善于总结和反思。报告中，郑校长常常举一些她自身的事例，或是身边的事情，她的各种论文、反思、案例经常脱口而出、信手拈来。我看到不管是日常的教学、班级管理，还是出国游学、各种报告，郑校长都能笔耕不辍，拾取到茫茫教海中那几朵最美的浪花，留作记忆，又沁香久远。这些教学中、管理中的点滴心得让我这名新教师感慨不已，能学习的东西很多。这也启发我在自己的平时工作学习中要多总结、反思，取人之长，补己之短。

感谢郑校长的班主任工作讲坛，让我获益颇多。我深知才疏学浅，学习的路还很长，困惑和迷茫不少，也许会很艰难，但是沿着郑校长和优秀前辈们的脚步前行，我深知自己正在努力爬上坡路，我将努力再努力吧！

——成小敏

还是薛瑞萍老师的那句话让人久久回味："如果给我丰厚的收入，以及足够高的职位，我还会要求更多的东西。然而，只要他们是爱我的，给我一个班，我就心满意足了。"可以看出，老师的爱是多么饱满，学生的爱定是同样的饱满。怎样让"爱"的美好情感充盈师生之间，成为贯穿本次培训始末的一条主线。

教育，是对成长的迷恋；班主任，是最有资本迷恋成长的人。

面对60位生龙活虎的年轻班主任，我向大家传递并分享的是双赢的智慧：其一，赢在促进每一个学生健康发展。我们共同探讨的是如何做好班队与学生管理工作，这是善于筹谋与追求绩效的智慧。其二，赢在促进班主任个人专业成长。我们共同学习的是如何有效积累素材、记录闪光的脚印，这是多元沉淀与思想升华的智慧。

品读完老师们回馈的文字，我再一次打开自己付出诸多心血的幻灯片，目光定格于"结束语"，流连不返——

老师们，在学校，班主任是孩子最爱的"亲娘"；在学校，班主任是事业发展的"大梁"。使命在肩，我主沉浮。我们必须要有"百舸争流""舍我其谁"的豪情和气概。感谢有你，感恩时代，前方路远，我们一直同在。

4

鱼之痛，鱼之乐

"子非鱼焉知鱼之乐，知鱼之乐焉知鱼之痛。" 田宝辉（化名）老师的故事带给我太多的思考。

这天，校长给我讲了下面的真实故事，让我寝食难安——

去年从乡镇学校调来我们学校的田宝辉老师，昨天听了我的一节公开课以后，一夜未眠。早早地来到校长的住处门外，徘徊良久，好容易熬到5点，犹豫再三还是敲开了校长的家门。这么早到访，着实让校长惊异。田老师坐在沙发上，十分为难地说了这样的意思："听了郑老师的课以后，我才知道自己的差距有多大。郑老师这才叫上课，我以前上的那些课简直太糟糕、太不入流。我永远也不会达到郑老师的高度，我在误人子弟，我很不适合做数学老师。请校长给我调整到后勤岗位。"校长一听急了："谁要求你现在就跟她一样？不会有人要求你上课跟她同样好，她是省教学能手，你目前连县能手还不是呢。你有这份责任心难能可贵，对工作、对学生高度负责是你的优势。多学多练，你一定会成长为十分优秀的老师的。现在比不上郑老师，但可以拿她当目标哇。"年轻腼腆的田老师怀着我们不能揣测的复杂心情离去……

校长的一番话充满宽宏的期待和温暖的激励，或许这些正是田老师最需要的心灵抚慰吧。的确，我们有足够的理由相信他会做得更出色。

校长给我提出了要求，这也是她给我讲上面故事的初衷：

　　田老师是一位内向却上进的老师，又比较自卑。你以后一定要多关心他、鼓励他、带动他。

之后，我更加用心地关注田老师的专业成长——

其一，听他的课，抓住闪光点使劲表扬，将改进的措施用最委婉的方式说到位，以尽量便于操作。

其二，领到《新课标教案设计》《新课标作业设计》《新标准数学同步测试与评估》等教辅资料编写任务时，着重考虑把适合的内容分配给他，并密切跟进指导。

其三，在日常交往中，有意在教师群体中树立他的威信。

其四，是一项大的举措，将田老师吸纳进我主持的国家级课题课题组，他作为核心成员不断接受并完成具有挑战性的任务。这是历时两年半的艰苦打磨：参加与课题研究相关的各种培训会议，查阅大量参考资料，撰写阶段总结、中期评估、结题报告等材料，收集整理阶段成果、过程积累材料与标志性素材……更受益的是，东北师大刘茂森教授率领的专家团队先后三次亲临学校指导课堂教学与课题研究。全体课题组成员在磨课、展课中，尤其在零距离听取专家高屋建瓴的评课讲座与对话交流中，深刻感悟到课改动向、课标理念、教材体系，领略到无穷无尽的课堂教学艺术。提升，是必然；成长，在天天。两年半，一项课题，一个团队在纳新走实的苦乐年华中快速成长，各种滋味田老师尽尝无余。

后来，田老师不断代表年级组执教研究课，他精心制作的课件纷纷被数学老师们"抢走"——学习《认识时间》，钟表上秒针在一秒一秒地跑步，"嚓嚓"的声音是那么清晰而温柔。让我们这些对于"信息技术"还很不熟练的老师们觉得，这是课堂上最动人、最悦耳的声音。

再后来，田老师撰写的"课件脚本"在省级大赛中荣获一等奖第二名的好成绩。他制作的微信美篇在朋友圈好评如潮，诸如"好酒越陈越香"的评论在刷屏。

再后来，田老师被提拔为学校得力的中层管理人员。有一次去县里开会，他跟我并排而坐，笑容是那么灿烂。

又一次联想到印度古谚"赠人玫瑰之手，经久犹有余香。"对自己来说，或许是一件件很平凡的小事情，如同赠人一枝玫瑰般微不足道，但它带来的温馨却会在赠花人和受花人的心底慢慢升腾、弥漫、覆盖、延续。也正如纪伯伦所说：在花中采蜜，是蜜蜂的娱乐；但将蜜汁送给蜜蜂，也是花的快乐。"爱人者，人恒爱之；敬人者，人恒敬之。"我们每个人的生命在时光隧道中是何其短暂，但是我们用彼此的努力赋予它很体面的价值，这本身是多么隆重的报酬。

或许，田宝辉老师的苦与乐、爱与痛，我只能体察皮毛。但我知道，他有"挑战自我，翻山越岭"后的甜；我也知道，我有"期许殷殷，转益弥香"中的暖。

这些，我便很知足。有一种无比美好的情愫荡漾心间，直到久远。我给你一些期待，你还我无限精彩。在我的报告中，每当讲到田老师的故事，我都会呈现出下面的文字跟老师们共勉——

◇最大的成长能量，来自身边的榜样，我们要不断地从这里汲取营养。

◇一个优秀的团队本身就具有强大的培养功能。

◇只要有一颗顽强地成长之心，你的未来无可限量。

凡是过往，皆为序章。

5

助人成长，还是自我犒赏？
——七年级"道德与法治"之《平等待人》评课笔记

听课班级：广饶县英才中学七年级三班

执教教师：邹文龙（化名）

听课时间：2019 年 4 月 1 日（星期一）第 7 节

教研时间：2019 年 4 月 3 日（星期三）第 1-2 节

活动名称：学科组集体备课与教研观摩

我的评课发言

感谢学校教科处组织的本次观摩活动，让我们每一位教师都在学习、研究的浓厚氛围中不断提升专业素养与教研能力，共同成长进步。

听评课展示的一定是"仁者见仁智者见智"的智慧，旨在通过深度对话、集体研讨、智慧碰撞实现共享、共赢、共进，不断追求达成高效课堂、提升教育教学质量之目标。

一、优点与优势

这些都是值得学习，需要今后继续发扬的。

（一）课前备课功夫深

1.教师教学经验丰富，对于道德与法治的学科特点与学习规律把控得好，知识系统完备。

2.课前深入钻研了课标、教材、教参，精心研发适合学科特点、适合自身需要、适合学生学情的工具单。

3.教师熟练使用现代化教学手段（即班班通多媒体），课件制作技术水平高、交互性强（圈画、着色、放大缩小等）、文字十分清晰，对于顺利完成教学任务、达成教学目标，发挥了很好的辅助作用。

4.从"社会主义核心价值观"引入新课，用心良苦，也十分妥当。

（二）课堂呈现重质量

1.教师课堂语言清晰洪亮，课堂语言的指向性强。这些都是十分明显的进步。

2.教学环节条例十分清楚，目的十分明确。

3.特别注重学生使用课本的自学、朗读、圈画、标注和要点记录。

4.教学过程中较好地对接教材整合工具单，较好地实现了课堂目标与考试题型的有机融合。

5.密切关注学困生，令人感动。

（三）面向全体促发展

1.注重学生发现问题、解决问题的意识和能力的培养。

2.注重小组合作学习。

3.注重对学生的评价，例如教师语言评价激励、给予加分评价等。

二、不足与建议

有许多是共性问题，在许多老师的课堂上存在，让我们共同关注。有的问题可以立行立改，有的则是很高的要求，是我们长期努力的方向。

（一）教学环节设计方面

1.要重视板书设计、适时板书与板书内化，课件的内容不能代替板书的作用。

　　例如：课题"平等待人"一定要板书；两个要点"人生而平等"和"平等待人从我做起"都应该板书出来；甚至对应第二个要点的"相互尊重、反对凌弱欺生、不歧视他人、有正义感"，都要随着教学活动的推进，适时板书出来。这样随机生成的知识点和行动指南，通过板书的形式被突出和强化，并在整堂课上直观呈现在学生面前，学生才能理解、消化、记忆得更好。

　　2.学生的学习起点不容忽视，包括生活经验、知识基础等。

　　一是，上课开始的"社会主义核心价值观"，应该让学生背出，从国家层面、社会层面、个人层面去分清，并找出与"平等待人"密切相关的内容（和谐、平等、友善）。学生自己建立在已有建构基础上的自主发现，远比教师的替代生动得多，可贵得多。

　　二是，如果板书课题"平等待人"并齐读课题后，引导学生谈谈他对课题的理解，应该会让后续的教学更贴近孩子，效果会更好。

　　3.阶段性的消化巩固很重要。

　　最近读过一篇微信公众号文章《保证学生能听懂学会的22条教学策略（课堂教学常规22条）》，感觉特别好，其中第14条这样说——

　　　　采取学一个知识点，练一个知识点，再学一个知识点，再练一个知识点，最后再综合训练。即分点、分项训练，再综合训练。点点清，才能保证堂堂清。

　　4.课堂小结或检测不容忽视。

　　结课的正确步骤应该是：思考——结对——共享。要引导学生面对板书、回顾全课，把课堂所得说全说透。若能进行"堂堂清"检测就更好了。

　　（二）教学理念与良好的学习习惯培养方面

　　1.学生没有很好地参与知识生成的过程，大部分时间都在被动地接受。因此学生很少体验到探究与发现的快乐，长此以往学生会兴趣大减，创造性也无从谈起。

读过另一篇微信公众号文章《高效课堂：教师课堂管理的65个经典细节》第28条和第31条给我的印象特别深——

努力实现有效教学。对于孩子们的学习来说，第一是兴趣，第二是兴趣，第三还是兴趣。课堂教学要努力激活学生的学习思维，这才是课堂教学有效性的真正表现。

让学生成为课堂的亮点。在课堂的精彩生成中，学生拥有了创造的机会，获得了全面的发展，教师的劳动也闪耀着智慧的光辉，闪烁着五彩的生命原色。

2.学生回答问题、读书、对话等，声音一定要放开。要足够洪亮，让教室内每一个边角的同学都能听清楚。并且应该得到大家的评价和反馈，而绝对不是只说给老师一个人听的。

3.要给学生充分表达不同观点的机会，即：关注"相异构想"的发现与解决。上海静教院附校的后"茶馆式"教学理念，个人觉得特别好。

4.课堂上学生沉闷，离生动活泼、充满灵性的课堂有差距。分析原因如下：

再次借鉴《保证学生能听懂学会的22条教学策略（课堂教学常规22条）》中的观点，其中第10条这样说——

要懂得学生不能正确回答（不回答）问题的三种原因，进而采取应对策略。一是因问题中某个词语不理解导致不明问的是什么。二是条件与结论或旧知与新知建构时逻辑推理出现障碍。三是知道答案，但语言表达困难。

针对本课教学，分析学生"启而不发"的原因，上述第二三条存在于本堂课上。我的补充是：四是不想、不会、不说。五是知道但懒得说。究其根源是许多学生没有尝到其中的甜头。这甜头应该是：回答好一个问题本身就充满快乐感、成就感；来自老师和同伴的积极性评价；来自日后的相应的成功体验。

还有一个很重要的原因，便是学生只会空洞地回答，不会对照"材料"抓住关键说具体。例如：工具单上的材料分析题《女王敲门》——

　　一次，英国维多利亚女王忙于接见王公，却把她的丈夫冷落在一边。丈夫很生气，就独自悄悄回到卧室，闭门不出。女王回卧室时，只好敲门。丈夫在里边问："谁？"维多利亚傲然回答："我是女王。"没想到里边既不开门，又无声息。她只好再次敲门。里边又问："谁？""维多利亚。"女王回答。里边还是没有动静。女王只得再次敲门。里边再问："谁？"女王学乖了，柔声回答："你的妻子。"丈夫边笑边打开了房门。

　　"我是女王"的回答为什么没有叫开门？这说明了什么？

学生的回答是："因为她没有平等待人。"对于第一问的回答如此空洞、苍白；而对于第二问，几乎是哑然无语。假如在教师的引导下，学生能答出下面的内容该是多么生动，让人感觉本课所学已经入心、入行：

　　"我是女王"的回答，女王把自己的地位用"女王"的称谓和权力凌驾于丈夫之上，丈夫没有得到应有的尊重，自然依旧在生气，不会开门。只有以"妻子"的身份和语气与丈夫交往，才让人体会到平等、感受到被尊重。这说明：女王和丈夫的人格地位是完全平等的；只有平等待人才能建立真诚和谐的人际关系；只有平等待人才能得到别人的尊重。这个故事让我体会到了生活交往中平等待人的重要性。

5.关于必要的小组合作学习的建议：

（1）对必要的小组合作学习的理解：不是所有的课堂都需要合作的。合作学习通常包括合作探究（学前、学中）和合作帮扶（学中、学后）两种主要形式。合作探究主要源于三种需要：一是学习的内容"难"，需要进行深度的思维碰撞；二是学习的任务"多"，需要分工合作、分项分担；

三是探究的面"广"，需要集思广益。合作帮扶通常的形式是"一对一"，根据需要也会产生"二对一"乃至"三对一"的局面。

（2）小组内一定要有职责分工。例如：组长、督察员、记录员、领读员、领写员、展讲员等，根据学科性质和学习需要分工定责。

（3）小组合作学习讨论的声音高度应十分明确。即：组内每个人都能听到，组外其他人听不到。一是为了互不打扰；二是为了"学术"保密，以使自己小组的智慧、成果不被别人先得，在激烈的小组间竞争中多一份保障和战斗力。

（4）小组合作学习要建立在独立思考或个人搜集整理信息资料的基础上进行。

（5）小组合作学习一定要追求效率和效果，要有时间观念。

（6）最后展讲展示的是小组集体的智慧和探究成果，而绝非依然代表个人。

我的心灵独白

"自助者天助之，助人者人助之。"借一堂课的听评活动，探讨于其中，分享于其中，快乐于其中。助人成长，助我成长。

据说帮助别人有这样三重境界——

第一境界：帮助别人，快乐自己。深切体会到，每次参与听评课活动，都是一种特别快乐的专业体验，快乐源自分享——将自己的教育思想、学科理念、教学策略、无我情怀等分享于授课者乃至几十上百的教师。继而，从他们心领神会的目光中，从他们接下来切切实实的变化中，从他们的成长步伐中，欣赏到、享受到、聆听到超越"快乐"之上的更多的美妙——这是生态课堂最动人的旋律，这是教育人生最珍贵的回馈。

第二境界：帮助别人，提高自己。在参与听评课活动的整个过程中，比快乐更高一级的主观感受便是成长、进步、提高，是沉浸在浓郁的学术研讨氛围中的教学技能提高、专业素养提升，表现为教学效率、教育效果不断走向更加理想。一方面，我从授课教师那里学到许多；另一方面，我从评课教师那里借鉴许多；更重要的是，沉浸在课堂探讨中的自己，从听课前的潜心"备课"、搜索枯肠，到听课中的专心致志、计上心头，再到评课时的智慧生花、百计千谋，哪一环节自己都是全心全意的投入者、探索者、吸纳者，所以是理所当然的收获者、提高者。

第三境界：帮助别人，就是帮助自己。从来不思受助对象的感恩与否，因为自己心中有使命扎根驻守，不做助人之事反而灵魂不安、坐立难宁。立足最平凡的课堂教学，教育同伴密切交往互动，理念在深度碰撞，思想在热情交融——这是自己最向往的生活，我正过着这样理想的生活。仅仅，我看到、我听到、我体会到那些年轻教师、同事同伴憋足了劲儿的成长，从他的日常中，从他的业绩中，从身边孩子们的笑容、身姿乃至"拔节"的声音中，我所享受到的幸福感早已爆棚。当我欣慰地想，当我骄傲地说，当我满心欢喜地把这些写出来——我是在让自己享受最高级别的犒赏。

"只要人人都献出一点爱，世界将变成美好的人间。"这是我们憧憬的"充满爱的世界"，这是真善美的美丽循环，世界本应是个巨大的爱的循环圈。在听评课中，用独特的专业方式注入教育天地独特的爱，让课堂中的师生得到更全面、更丰富、更科学、更高效的精神营养，大家携手奔向课堂教学的更高境界，是教师最本分的憧憬。追随教育艺术与教学技巧的永无止境，其迷人的色彩，已深入到每个参与者的骨血里。最终，"我"一定是最大的受益者——问候盈润的心灵，放眼生命的长河，展望教育的千秋万代。

6

道阻且长，行则将至

　　没有人会恩赐给我们一个远大的前景，光明的未来从来不会从天上掉下来。幸福都是奋斗出来的，事业都是撸起袖子加油干出来的。

　　伴随伟大祖国飞速发展的矫健步伐，我们的教育事业也不断焕发出新的生机。2008年广饶县同和小学成立，我与一群活力四射、壮志满怀的年轻老师们，都将面临难得的专业成长与建功立业的人生际遇，同时也面临着"天将降大任于斯人"的教育使命。

　　面对处在"拔节孕穗期"、渴望成长的青年教师们，我必须精心引导和栽培，这是我的责任和使命。给他们光照、培土、浇水、施肥、打药、整枝等环节，一样都不能少。而对于他们自身，更要对成长关键期的自己反复打磨、苦心修炼，习得过硬的本领技能，在拼搏实干、勇敢探索中奋力攀登。

　　作为"齐鲁名师郑金丛工作室"的领衔人，我培养青年教师坚持的原则是：精神引领，关心厚爱与严格要求同在；专业引领，尊重规律与积极培养并行。

我们都是"丑小鸭"

　　同和小学由两所乡村小学合并而成，学校吉祥物是"丑小鸭"，即来自安徒生童话的丑小鸭。这一家喻户晓的可爱形象在学校文化中不断彰显风采：学校图标、学生校服、评价卡片、写字本封面、合唱团名字……由此可以看出，管理者对学校现状做了多么冷静的思考——

眼下，我们丑丑的，无论是学校的文化内涵，教师的专业素养，还是学生的基础现状；但是请千万不要鄙弃我们，因为我们有梦想，有追求，并为这目标而努力奋斗，我们不惧怕历经千辛万苦、重重磨难的成长过程；我们终将会成为美丽的白天鹅。

下面是我们"丑小鸭"时期的"纪实"——

◇9月1日是开学第一天，上午放学前，学校大门外便成了七零八乱的"自由小市场"，卖零食的、卖学习用品的小车，还有卖蔬菜瓜果的小摊、加工膨化食品的拖车等，足有20多个自由摊点，大小不同、高低有别、乱摆无序。当老师们带着学生放学的队伍出校门，整齐的路队很快被打散，难以前进，安全也令人担忧。

◇组织学生大课间活动，有几个保守传统的班主任就是舍不得让学生下楼来，依然坚守着教室内的文化课学习。

◇经常会听到这样的表达：现在我们终于有了专业引领。我们以前不用编课程表，大家自己商量商量确定各自上哪些课就行。我们以前不给监考老师分试卷，考试前他（她）们自己来数就行。

◇有一位其他学校的老教师问我："你安排吴桐（化名）教什么课？"我说："一年级数学课。"老教师很是担心："她能教得了吗？估计够呛。"

◇课间，一个小姑娘在楼道里捧着一本书在看。藤老师见到很是喜欢，走上前去问道："你看的什么书啊？"--连问了3遍，孩子始终不答。藤老师继续提高了声音问："小姑娘，你看的什么书啊？"半天，孩子终于开口："我看的学校发的书。"

◇我下午第一节到班里上课，坐在第二排的一个男孩子直犯困，眼皮一直在打架。我拍拍他："中午没有好好休息吧。"孩子很不好意思："我中午帮妈妈收棒子（玉米），没睡觉。"我的心猛然一紧，好心疼这个个子矮小的孩子……

◇我给老师们上示范课，一至五年级各一节。数学老师们纷纷代表孩子们来邀请我到他们班去上课，小家伙们觉得这是莫大的荣耀。于是，在盛情难却之下，我去三年级三班上课，全校数学老师都来听。我按照《课程标准》理念和教材内容的要求，精心准备了半个月的课，教具、学具、PPT等相当充分。可是，在孩子们那里，哪怕再简单的操作活动也举步维艰。我硬生生只完成了一半的教学任务，内心好痛苦好憋闷。

◇经常发现孩子的作业本上有些油渍、污渍。原来，这些来自农村的孩子，家里饭桌和书桌是很难分开的。

◇孩子们的衣服、头发、脖子、小手、小脸，都会不怎么干净，冬天还会有孩子冻伤耳朵、小手和脸蛋。因为，他们依然居住在平房，居住条件达不到一定的保暖效果，洗澡很不方便，家长又都忙于生计，管理孩子的理念也参差不齐。

◇全校家长会，家长们随手扔的小广告纸遍地都是，在走廊、楼梯等处吐痰现象令人瞠目，会场上嘹亮的手机铃声不时响起。来开家长会的有1/4是爷爷奶奶，爸爸们有许多光着膀子或只穿窄带背心，趿拉着拖鞋的更不足为奇，每个班都有几位抱着老二来给老大开家长会的妈妈……哎，会前也通过班主任们做过各项常规性的温馨提示，提醒过的照样会发生，何况我们没有经历过所以没有估计到的现象更不容小觑。

我深刻体会到自己与同和员工肩上的担子有多重，走向"文化"、走向"文明"、走向"有文化的教育"，道路有多么漫长多么艰辛。

雏鹰要飞翔，老鹰要重生

关于《鹰的一生》或《鹰的重生》这样的故事我在语文课上、书上、网络上知道过无数次，每一次都是内心的痛与震撼。虽然有人质疑说这只是传说，但我依然喜欢，因为在我心中"鹰"已成为最棒的"励志"代言。

鹰击长空、翱翔千里是我们熟悉的画面，凶猛顽强、威武奋勇是鹰的秉性，磨难万千、隐忍无畏是鹰的精神，目光远大、志在千里是鹰的信仰。

小鹰出生后没几天，母鹰就会把小鹰推到悬崖边上，小鹰只有学会在陡峭的悬崖上不停地展动翅膀才有活命的机会。第一次小鹰成功了，它扑腾着翅膀飞回了自己的窝里。可是这仅仅只是一个开始，小鹰还要再进行成千上万次的练习，直到它真正能毫不费力地从悬崖底下飞回来。这时候，它的下一个挑战又开始了，母鹰会折断小鹰翅膀中的大部分骨骼，再一次把这只还未成年的幼鹰推进深渊。如果小鹰能够战胜骨骼的拉扯剧痛，展翅翱翔而回，那么它翅膀里面的骨骼将会重新获得新生，从此就可以看到它坚如钢铁的翅膀翱翔在蓝天里。

鹰的第二次来自生命的挑战在它们的中年时期。鹰是世界上寿命最长的鸟类，它一生的生命可达70岁。要活那么长的寿命，它在40岁时必须做出困难却重要的决定。这时，它的喙变得又长又弯，几乎碰到胸脯；它的爪子开始老化，无法有效地捕捉猎物；它的羽毛长得又浓又厚，翅膀变得十分沉重，飞翔十分吃力。此时的鹰只有两种选择：要么等死，要么经过一个十分痛苦的更新过程——150天漫长的蜕变。

它必须很努力地飞到山顶，在悬崖上筑巢，并停留在那里，不得飞翔。鹰首先用它的喙击打岩石，直到其完全脱落。然后静静地等待新的喙长出来。鹰会用新长出的喙把爪子上老化的趾甲一根一根拔掉，鲜血一滴一滴洒落。当新的趾甲长出来后，鹰便用新的趾甲把身上的羽毛一根一根拔掉。

5个月以后，新的羽毛长出来了，鹰重新开始飞翔，重新再度过30年的"天之骄子"的岁月。

是同和小学的老师们让我想起了上面的故事。

几个年轻的教师都被我安排在低年级任课，并都有老教师带着他们。我给他们的"双目标"是：一要课堂教学过关，二要教学质量良好。若任何一个方面存在明显的差距，下学年要"留级"。看似简单的"双目标"，对于他们来说何其难。

在第一拨5个年轻的数学教师中，只有丁淑红老师年年"双过关"年年跟学生一起"升级"，当同和小学5周岁华诞之际，她胜利完成从一年级到五年级教学的完整轮回，个人专业成长的步伐异常矫健。

在一次听评课活动中，我发现金红老师的进步特别大，我的吃惊、纳闷与高兴交织在一起，我决定探个究竟。平常不爱言语的金红老师给我的答案是："您给我评课时说过的话，过后我都整理到一个本子上。平常教学中遇到困惑，或者讲公开课备课时，我都会拿出本子来看，仔细研究、琢磨。"原来如此。都说"台上一分钟，台下十年功"，在金老师这里，我体会到了"英雄"背后的默默付出、精耕细作和苦心修炼。要向上攀登，每一步都靠自己发自心底的力量。

下面的这篇文章在网络上传得相当火爆，成为"网红"。作者究竟是谁？我猜了又猜，再三确认，才得知出自秀外慧中的金红老师之手。这是她的"2009年名师工作室成员个人工作总结"，题目是《让学习成为一种习惯》——

时间飞逝，在繁忙和有序中一学年悄然而过，加入"郑金丛名师工作室"恰好也是一年时光。回顾在名师工作室的学习，我感受到了这个集体给我带来的欢乐与收获，也让我在这个团队中加快了专业成长的速度。也许这一年我并没有值得夸耀的荣誉、值得炫耀的成绩，但工作室领衔人及伙伴们好学上进、乐于创新、勇于开拓的精神给予我很大的动力，让我在教育教学实践的岗位迈着坚实的步伐。成长是一个过程，是一份快乐。一年来我收获了很多，同时也看到了自身的不足，现将一学年的工作总结如下：

一、理论积淀，提升素养

（一）心中有《课标》

心中有《课标》，是一个老师上好数学课的前提。在教师的启发诱导下，让学生主动参与课堂活动，让学生学会学习、学会发现问题、学会探究问题、学会创造，并能在真正意义上实现独立自主地学习，成为数学活动中自主探索和自我发展的主体。郑老师给我们做了一个很好的榜样，她举行的"备课——上课——说课——评课——《课标》解读"一条龙活动，让我切实感受到《课程标准》的重要性。只有学好并悟透《课程标准》，做到心中有"标"，才能上好课。

（二）关注数学思想方法

郑老师在每一节课中都非常重视进行数学思想方法的渗透。在导师的引领下我也专门查阅了关于数学思想方法方面的资料。数学思想方法的含义是：数学思想和方法蕴含于数学的基本知识和基本技能之中，它是分析、处理和解决数学问题的根本方法，是对数学规律的理性认识，它支撑和统率着数学基本知识和基本技能。"数学思想"是数学学科中学生应该理解的学科"基本结构"。

我们应明确在向学生传授数学知识的同时一定要重视数学思想方法的渗透，为学生的终身发展着想。

二、教材梳理，整体把握

对教材合理地分析和解读是每位教师的基本功。听了郑老师讲的一至五年级的 5 节课，我被郑老师深深地吸引住了，惊叹于她对小学数学 10 本教材的系统、全面的把握。

她对小学数学涉及的知识在哪个年级段出现，出现几次，以及前后知识间的联系了如指掌；对小学数学低、中、高三个学段教学目标，重、难点，教材编排特点如数家珍。我意识到只有正确地把握教材、用活教材、创造性地使用教材，才能使我们的教学更有效。

三、听课观摩，增长智慧

本学期，有幸多次听郑老师的常态课。这些课，无一例外地体现着新课改的要求、趋势；课堂生动，预设生成与动态生成相结合；目标达成度高，无一不渗透着新的科学的教学思想和教学策略。课堂上郑老师特别关注学生在学习过程中所表现出来的情感、兴趣；时刻注重发展学生个性构想；开展丰富多彩的多项互动活动；留给学生广阔开放的思维空间。始终将学生推到学习的主体地位上，让学生真正成为情境演绎的经历者，情境意义的建构者，让学生成为情境展开与探究过程中的主角。

郑老师的家常课，课堂每每成为学生生命成长过程中的重要场所，学生的自主性、能动性和创造性得到有效发展。

四、推门听课，专业引领

一年学来，郑老师在繁忙的工作中多次抽出时间听我的课，对我进行专业指导。大到一节课怎样设计课堂更高效，小到课堂中每一句话每一个数学术语、教具学具的准备及使用等课堂细节。这使我从一年前对数学的迷茫转变到现在对数学的迷恋。

1. 反思。

作为教师要时时反思自己的教学实践，只有不断总结经验教训，才能不断提高教育教学水平。我们必须要学会思考、学会反思，让反思成为我们的习惯，做一个会思考、有思想的人。要想成为一名优秀的数学教师，爱思、勤思、会思是十分重要的。

教师的反思不仅仅是头脑内部的"想一想"，而应是一个不断实践、学习研究的过程。

2. 提问的技能。

"提问"，即提出问题求答。课堂提问，是指在课堂教学中教师根据一定的教学目的要求，针对有关教学内容，设置一系列问题情境要学生思考、探究、回答，以促进学生积极思维、动手操作，提高教学质量和育人效果。"数学是思维的体操"，从导师的课堂教学中，我学到了教师怎样提问更能锻炼学生的思维。

教师在设计问题时要注意：

一是，教师设计的问题要给学生留有探索的空间，设计的问题要能激发学生积极思维，并符合相应年龄段学生的认知水平。

二是，教师设计问题要有针对性，要依据每节课的教学目标、重难点，以及学生原有的认知结构设计问题。

三是，教师要设计追问，如果说一开始的设问是启发学生观察，引导学生产生认知冲突，从中寻找解决问题的思路，那么，在学习活动中通过教师对某一问题的追问，可以让学生理解概念、公式、算理等数学要素的本质。

四是，教师要设计一些反思性问题促进学生反思。如：对你有什么启发？你还能说得更完整吗？

五是，教师要在实践中不断提升自己提问的科学性、针对性和艺术性。如：多问"你怎么想的"，少问"为什么"。

通过听课和学习使我进一步认识到教学的根本任务是让学生既长知识，又长智慧。为了达到这一目的，选择的教学策略必须是科学有效的，教学过程应该是细致入微的，要经得起推敲，这便是教学智慧，是一种及时捕捉学生的思维脉络并及时进行应变的智慧。教师的教育智慧是随着教学情境的变化而变化的，没有固定的程式，许多时候课前是无法预设的。

教师只有保有一双慧眼和一颗慧心，随时根据动态生成的教学情境，做出智慧的反映，才能真正使课堂焕发生命的光彩，彰显生命成长的价值。

有机会加入郑金丛工作室是我的幸运。来到这里，才发现她是一个思想的殿堂，才发现自己之前学得太少，读得太少，写得太少，反思得太少，才发现有太多阅读理由和冲动。

通过在名师工作室的各种形式的不断学习，我深深地体会到"学然后知不足，教然后知困"的真正含义。通过反思，我发现想成为一名专业化的研究型教师还有很多路要走。"让学习成为自己的习惯"是我下阶段的目标，只有做学习型的教师，才能不断超越自我，使自己的教学工作更扎实、更有效、更完善、更优秀，从而逐步实现人生的价值。

李安秀老师亦是在千锤百炼的课堂展示与比赛活动中磨炼出来的佼佼者。她最令人佩服的是反复磨课的能力。她的第一遍试讲之后，无论我与大家给她提出怎样的修改建议，哪怕推翻她之前的设计，哪怕提出的要求有多么难以实施，哪怕修改意见有十几条，她下一次的课堂呈现定会焕然一新，令人满意之处超多，甚至比我预想的效果还要好许多。

在学校准备迎接"山东省教学示范校"评审的日子里，那几个中层管理人员被折腾得够苦。他们自己教育教学的工作量一点也不少；要做好中层诸项管理服务工作，崭新的学校许多事情都从零开始、步履蹒跚；时间紧任务重，我要大面积奔跑式"走课"，若发现他们的课堂教学不到位，情急之下我会毫不客气地指出来并要求尽快反思、改进。

《走在"博雅"之路——教学管理资料汇编》（以下简称《汇编》）是同和小学的独创，几乎找不到任何其他的参考框架。它的诞生更是一个泪汗交加的过程。其间，我本人够苦够累，大家也都在拼尽全力、挑战极限。

"建有用的制度"是我们的准则，指的是日常教育教学工作中所必须要用到的制度与规章。但是各级教育主管部门要求的、各级督导评估指出的、各级各学科教研室教研员提出的、"山东省规范化学校"和"山东省教学示范校"评审指标中的……我们也必须一一呈现出来，何况这些更是学校发展提升的必然保障。于是我对大家提出的要求是：指导与规范常规工作必需的制度，所有上级检查所用的制度，我们一样也不能少。这样才能一劳永逸，才能"一册在手，成竹在胸"。

这本《汇编》，A4 页面共 394 页 36 万字，3/4 的内容出自我个人之手，其余内容靠大家完成。当然，日常工作中积累是重要的素材来源。该《汇编》包含了"上级文件"17 项，"作息时间"6 项，"课程管理"13 项，"师资管理"14 大项又分若干小项，"学生管理"16大项又分若干小项，"教学管理"39项，"教研管理与教师培训"20项，"班主任与班级管理"7项，"家校共育"7项，"主题活动"21大项又分若干小项。

更艰难的是要按照"省规范化学校"和"省教学示范校"的标准整理建校以来的所有档案材料。双标准必然双套路，我的工作定位又一直是"取法乎上"。我按照主任们的工作分工，一次次召开培训会、调度会。我也一遍遍查阅、记录，并一遍遍要求大家在规定的时间内整改、提升。不合格，改进不到位，离要求相差甚远……我不愿看到的状况一再重演，反反复复，少有起色。

真正是"恨铁不成钢啊！"为什么要让"铁"立马变成"钢"呢？我会经常恨自己违背规律，恨自己"心太狠"——毕竟，大家手头的工作太多了，大大超负荷、破常规，怎么会忙得过来？毕竟，这么一场又一场的极其"惨烈"的战斗，这么年轻又弱小的阵容，"寡不敌众"的感觉时常会强烈地撞击着我的理性思维。

"莫听穿林打叶声，何妨吟啸且徐行。"我一次次在心中抱怨：为什么现在争创，为什么不待条件再成熟一些、老师们再成长一些、队伍再壮大一些再去争创呢？但是面对校委会的决定，我作为班子成员之一，不容有半点含糊和迟疑，只有坚决执行的道理——我只能打起精神硬着头皮带着大家拼命往前闯。

不止一次地在卫生间里，在隔断那边听到她们压抑已久、承受不住的抽泣声……我的心都要碎了……

好在，严冬过后春自来，春天来了花自开。在熬煎中，在期待中，我渐渐发现：建校一年之后，我周围的中层管理人员开始会"干活"了，悟性更高、管理服务水平渐长；两年之后，全体老师有了明显的转变，表现在课堂教学、班级管理、工作节奏、思维方式等方方面面；三年之后，那些已升入四年级的孩子眼睛开始更加明亮，性格更加活泼，课间的走廊里很少有那种"野性"的叫喊声了；四年之后，家长们有了较明显的提升，许多家长有了些"局属学校家长"的味道。

荷花·竹子·金蝉

关于成功，有很多定律，比较有名的是荷花定律、竹子定律和金蝉定律。

荷花定律。一个池塘里的荷花，每一天都会以前一天的2倍数量在开放。到第29天时荷花仅仅开满了池塘的一半，直到第30天才会开满另一半。也就是说：最后一天的速度最快，等于前29天的总和。

竹子定律。竹子用了4年的时间，仅仅长了3厘米。从第5年开始，以每天30厘米的速度疯狂地生长，仅仅用了六周的时间，就长到了15米。其实，在前面的4年，竹子将根在土壤里向四周延伸了数百平方米。

金蝉定律。蝉，要先在地下暗无天日地生活三年，还有一种美国的蝉，要在地下生活17年，忍受各种寂寞和孤独，依靠树根的汁一点点长大。然后，在夏天的一个晚上，它悄悄爬到树枝上，一夜之间蜕变成知了。当太阳升起的那一刻，它就可以飞向天空，冲向自由。

中国有句老话"行百里半九十"。无论是荷花定律、竹子定律，还是金蝉定律，他们都有共同的意义：坚持，坚持，再坚持，直到最后成功的那一刻。这不难让我们明白一个道理：人拼到最后，拼的不是运气和聪明，而是毅力。

2013年10月，我离开了自己洒下无数汗水的同和小学。随后，那些跟我并肩战斗的尤其是我工作室的小伙伴们，都喜欢跟郑老师晒一晒自己专业成长的幸福，那幸福的闪电一次次在我心中划过——

丁淑红：论文《浅谈小班化背景下数学学科菜单作业的设计及使用》荣获山东省"百佳论文"一等奖，论文《小班化背景下小学数学教学三环节》荣获山东省教科研优秀论文二等奖；执教东营市小学数学公开课《解决问题》，综合实践课《贴布绣》荣获东营市优质课一等奖，综合实践课《聪明的乌龟》荣获东营市优课一等奖；荣获东营市数学教学能手、东营市地方课程教学能手等称号……

金红：在"山东省课程资源开发与利用优质课"评选活动中，执教《快跟鼠标握握手》荣获小学组信息技术学科一等奖；在全市小学优秀课程资源评选活动中，《秒的认识》荣获一等奖；执教《植树问题》荣获东营市数学优质课一等奖；在东营市小学信息技术重点培养对象理论学习演讲比赛中荣获一等奖，演讲题目《以学生为本，培养自主学习能力》；执教市级公开课《四边形》；经过三年重点培养，被认定为市级小学信息技术青年骨干教师……

李安秀：执教《复式条形统计图》，在全国第十一届大中小学（幼儿园）各科优质课大奖赛中，荣获小学数学组一等奖；赴德州市平原县龙门街道执教小学数学公开课《折线统计图》；在环渤海小班化教育联盟（东营站）"基于课程标准的小班化课堂教学"培训会议上执教公开课《方程的意义》；在全市优质课评选中，获小学数学学科一等奖，课题《平行四边形的面积》；在全市"送培训基层行"活动中执教《方程的意义》。经过三年重点培养，被认定为市级小学数学青年骨干教师；荣获东营市小学数学教学能手称号，荣获东营市小学数学学科带头人称号；被确定为全市小学数学第四批青年骨干教师重点培养对象指导教师……

苏建军老师参与"2019齐鲁最美教师"评选，我在微信朋友圈看到了她这样的业绩——

> 曾负责"嵌入日常教学的嵌入式培训"项目，引领了学校的专业发展。对工作高度负责，教学成绩突出，连续5年考核优秀。在山东省优质课评选中执教《雪域高原》荣获一等奖；优课《辞旧岁，迎新春》获市级一等奖；多次执教市级县级公开课。论文《互动式课堂初探》发表在国家级刊物《课程 教材 教法》（2016年5月）上。论文《基于小班化班级管理策略浅谈》获国家级二等奖；论文《课前导学三部曲》获省级一等奖；论文《基于小班化自主课堂课前导学的策略浅谈》获省级二等奖；论文《乘着情景的翅膀飞向高效》《让课堂动起来吧》等均获市级一等奖。案例《高效课堂，从课前开始》《情境创设贯始终，高效课堂方始终》等均获市级一等奖。主研的4项省级课题、4项市级课题均顺利结题。先后荣获"东营市中小学德育工作先进个人""东营市教学能手""东营市学科带头人""东营市教学教研评选专家"等称号……

人生需要多项储备，教育需要日月沉淀，成功需要厚积薄发。经得起打磨，耐得起寂寞，扛得起责任，才能肩负起使命，人生才会更有价值。据说人这一生大概能遇到7次左右的机会，都可能是可以改变人生命运的机会，而这样的机会只有日复一日地投入和坚持的人才可能遇到。正所谓"机会只留给有准备的人"。

有梦想就要毫不犹豫地行动起来，并坚定不移地执行下去，遇到任何困难都不畏惧、不退缩。这是决胜千里的成功秘诀。

国学大师钱穆说："古往今来有大成就者，诀窍无他，都是能人肯下笨劲。"胡适也说："这个世界聪明人太多，肯下笨功夫的人太少，所以成功者只是少数人。"

关于钱钟书的满腹经纶，人们往往归功于他的天分高，记忆力强。其实，钱钟书学问博大精深，更多的来自他手不释卷的苦功。钱钟书大学同窗许振德这样描述：在校时，以一周读中文经典，一周阅欧美名著，交互行之，四年如一日。每赴图书馆借书还书，必怀抱五六巨册，且奔且驰。且阅毕一册，必作札记……代表他学术成就的《管锥编》，引述 4000 多位名家的上万种著作中的数万条书证，汪洋恣肆，博大精深。许多人可能不知道，他进入清华后，目标是"横扫清华图书馆"。他的治学心得是：越是聪明人，越要懂得下笨功夫。

心无旁骛，志若鸿鹄。"凡心所向，素履以往。""心在一艺，其艺必工，一心在一职，其职必举。"不负韶华，不负使命，不负你我，不负将来。

"道阻且长，行则将至"——我们的道路越来越宽广，我们的梦想就在近旁。

7

长成理想的模样

"体貌和长相与生俱来，我们用一辈子的时间在修炼中不断美化的是自己的精神长相。"这是自己报告的开场白。2020年5月13日，我带着精心准备的130张幻灯片，走进只有3年建校史的充满现代气息的广饶县兴安小学。一场题为《长成理想的模样》的报告在60多位青年教师面前展开了。美丽别致的兴安校园，青春洋溢的年轻教师，我对自己长达3个小时的演说，必定是热情激昂、信心十足。

我从三个维度向大家描述被自己具象化的"理想模样"——

◇理想的课堂模样

◇理想的班主任模样

◇理想的教师模样

我努力用讲故事、说案例、展随笔、赏图片等直观生动的方式与老师们交流，深受小伙伴们的欢迎。一颗颗年轻的心像我这样表白

（一）如何摇动一棵树

德国哲学家雅思贝尔斯曾说过："教育的本质就是一棵树摇动另一棵树，一朵云推动另一朵云，一个灵魂召唤另一个灵魂。"那么如何走进孩子们的心灵，如何通过课堂引导他们、指正他们，让他们成

为一个敢于直面困难、懂得探索研究的人，让他们在未来的路上多一分自信、少一分迷茫，这些问题一直困扰着我。今天，郑金丛老师用长达三个小时的演讲，给我打开了新的天地，让我感受到了教育的魅力。

一、理想的课堂模样

郑老师描绘的理想课堂模样是后"茶馆式"教学，其基本特征是：学生自己能学会的，教师不讲；关注"相异构想"的发现与解决。她说："教育是一种智慧的修行。"郑老师以后"茶馆式"教学为引，将她的教学经历、教学感悟娓娓道来。"学生教学生能学会的，教师也不讲。"这种"兵教兵"式的教学模式让人耳目一新，而其成效也让人神往。在这种教学模式中，每一位学生不仅是学习行为的执行者，更是设计者、引导者。其中让我印象最深刻的是小组合作学习。在学习小组中，有小组长、领读员、领写员等诸多职务，每一位学生都直接参与到教与学的活动中，没有一个孩子掉队。当郑老师讲到这里时，我不禁反思自己的教学课堂。我的课堂上，每个人基本只有一个角色：老师教、学生学。孩子们的学习能力、他们的自主性完全没有发挥出来，小组讨论也没有章法。反思之下觉得作为老师，这是我无法接受的。在今后的教学活动中，我会学习这种方式，在课堂上进行更多"面向每一个"的设计，让40分钟的课堂更有厚度。

除了兵教兵的学习模式以外，郑老师提出的另一个观点也引人深思，那就是关注"相异构想"的发现与解决。对于学生提出的、有异于教师思路或不同于习惯思维的观点，郑老师主张：正确的，高声喝彩；错误的或不完整的，通过讨论、引导等方式进行疏导解决。要鼓励每一位学生发表自己独特的观点，"相异构想"越多，越适合小组合作学习，因为教师不可能在有限而珍贵的课堂时间内跟每一个孩子对话。

二、理想的班主任模样

郑老师心中，理想的班主任模样在薛瑞萍老师的笔下——"给我一个班，我就心满意足了"。郑老师将自己多年来总结的班主任的"传家宝"毫无保留地传授于我们：做好班主任工作，要靠"早、靠、勤、细、严，公、威、恒、礼、正"这"十字诀"。她列举了很多成功的班级管理例子，分享了在班级管理中自己的心得，让我有种豁然开朗的感觉。要让"老师成为学生的幸运，学生成为老师的骄傲。"假若我做到更细致更勤劳更用心，孩子们一定能生活在一个更优良的班集体中，也就能获得更好的成长。

班主任是一个班级的灵魂，一个智慧的班主任应该是一个快乐的人，更是一个能给他人、给孩子们带来快乐的人。开学在即（因防控新冠肺炎，小学一至三年级6月8日开学），希望在新的学期里，我不仅是孩子们的管理者，更是一个发现者、一个倾听者、一个传播爱担当责任的"使者"。

三、理想的教师模样

在郑老师看来，理想的教师模样应拥有"大爱"育人情怀——放眼生命长路，不计一时得失；放大孩子优点，悦纳他们不足；生命需要营养，香甜苦辣俱全。之前，我印象中的教师，是那种一丝不苟、严于律己，上课时一点一点将本节课的知识进行讲授的"老学究"。郑老师给老师添加了新的元素和色彩：教师不仅仅是在教授知识，更要引导学生建立自信，树立正确的人生观、价值观，更好地热爱生活、积极创造。演讲中，听到郑老师讲述的她的高徒多年之后答谢师恩的故事，我很受触动，这种师生关系、这种教学成果才是我们每一位老师应该孜孜不倦的追求，我也从中体会到了身为一位老师的幸福。如今我初入教师这个行业，唯有把一颗心扑到学生那里去，认真备好每一节课、细心组织好每一个活动、耐心解决每一个问题，打造一个个有爱的温度、有探究的热情、有欢声笑语的课堂，方能不负家长与社会的重托，方能对得起自己热爱的教育事业。

天空收容每一片云彩，不论其美丑；高山收容每一块岩石，不论其大小；大海收容每一朵浪花，不论其清浊；我们用真情容纳每一个孩子，不论其高下。我会把今天听到的、学到的变成自己的思想和行动，做一个理想中的教师、理想中的班主任，打造理想的课堂，为每一位学生插上梦想的翅膀，让其人生更加多彩而充实。

摇动一棵又一棵树，推动一朵又一朵云，召唤一个又一个灵魂。——幸福充实、意义深远的教育人生，从今天起，将开启崭新的一页。

——叶建成

（二）抵达"乐其道"的境界

今天听了郑金丛校长的报告，我对教师这个职业的内涵有了更深的理解。因为，我眼前的这位光芒四射的名师，已经抵达了让学生"乐其道"的育人境界。

"教书育人"，这是我们天天挂在嘴边的话，在今天，我似乎才真正理解了这四个字的真正含义。听了郑校长的报告，我深深感到受到，教育不仅仅是教，更是教与学互动，学生和老师共同成长的一个过程。教师要当人师，不能当经师，既要教书又要育人，教书应是育人的一个重要组成部分，育人比教书更重要。

"其身正，不令则行。其身不正，虽令不从。"这是郑老师报告中引用的孔子之语。教师是一面镜子，是学生的领路人。教师的一举一动、一言一行、一思一想、一情一态，都会印在学生的眼睛里、心灵上，学生会有意或无意地进行着模仿。记得有天早上有几个孩子到校比较早，我就和一个孩子说："待会儿给大家说，早来的同学先拿出书来读读课文。"刚走出教室就听到那个孩子说："现在，请你们拿出课本，坐端正。注意头正、身直、肩平、足安。"听到这儿，我不禁失笑，这不就是我上课时经常强调的一句话吗，原来在不知不觉中已经记在了他们的小脑袋中。看着孩子那一本正经的模样，突然想起一句话——没有什么比师行的榜样更有无比的功能的了。

教师不应只是学生的引路人，更应该是学生的朋友。正如郑老师所说，关心每一个学生是一个好教师最起码的职业素养。关爱学生首先应当是对学生人格的尊重，以公平客观的眼光去看待和评价每一个学生，没有什么比公正的态度对待他们更重要的了。良好的师生关系，除了关心他们的学习以外，还应关注他们的心理健康，引导他们向着用心、乐观、向上的方向发展。了解他们课堂外的生活，以便及时、适当、全面地帮助和引导他们健康成长。回忆我的求学经历，那些能给我留下深刻印象的老师，无一不是特别有温度的老师。身体不适时的一杯热水，心情沮丧时的一个微笑，成绩不理想时的一句鼓励……都在成长的道路上给了我无穷的动力。

郑校长提出"高效"课堂观，即实现学生的"参与度、思维度、成长度、幸福度、延展度"多维目标共同达成，我深受启发。教育是一件普通的事情，也是一件艰难的事情。如果只是单调地将知识灌输给学生，教师就只是知识的搬运工。如果能在教育教学过程中，让孩子们感到快乐和期待，盼着老师的到来，那该是多么幸福的一件事啊。能让孩子学会学习，热爱思考，充分发挥主观能动性，教育便不再是件艰难的事。而优秀的老师能在同样的甚至更艰苦的条件下，坚持不懈地研究教学方法，有所创新，有所成就，这都是我们年轻教师不断努力的方向。

"学高为师，德高为范。"这也是郑老师的教诲。教书育人，教书者必"先学为人师"，育人者必先"行为世范"。师德是教师最重要的素质，是教师之灵魂。我想在和学生相处的过程中，如果能感受到作为教师的尊严、价值与激动人心的幸福瞬间，那面对家长，我们将成为他们思想上的朋友、育人中的伙伴。只有这样，朴素而平凡的教师生活才会变得充满智慧，我们才能更加愉快地接受挑战，天天面对的学生在我们眼中才会每天都是新的。这就是教师独有的享受。

我们学校特别倡导年轻教师多读书、读好书，这是我们兴安老师的幸运。学无止境，只有坚持学习，才能不断丰富发展自己的精神世界。师德不是靠讲出来的，而是在精神滋养中不断走向内心世界的丰富、文化底蕴的提升、人格素养的完善。所谓德者，得也。教师师德的提升，关键还在于文化、艺术、心理、社会等诸多精神营养的植入。

郑老师的报告中案例很丰富，比如："几十年如一日的特级教师""孩子们的投票有效吗？""送你一个火红的小辣椒""心灵对话，温暖的激励""公其心，万善出——令人感动的凳子""两枝糖葫芦"……这让我思绪万千。的确，古今中外无数事例证明，育人单凭热情和干劲是不够的，还需要以德立身、以身立教。教师需要从小事做起，从自我做起，率先垂范，成为表率，以高尚的人格感染学生，以整洁的仪表影响学生，以和蔼的态度对待学生，以丰富的学识引导学生，以博大的胸怀爱护学生。只有这样，才能保证教书育人的实效，学生才会"亲其师，信其道"，进而"乐其道"。

走上三尺讲台，教书育人；走下三尺讲台，为人师表。未来需要学习的地方还很多，借用郑校长对年轻教师的寄语，"不断跟老教师学做人学做事；不断开展公开教学与展示活动。"我将不断充实自己，努力长成理想的教师模样。

我憧憬着有一天，我也会像郑老师一样步入这样的教育天地——"喜欢上数学课，盼望上数学课，师生共同的期待，心灵的期待。"

——徐婷婷

（三）找差距，补短板，修弱项

听了郑金丛校长的报告，感触颇深。到目前为止，我当了两年的班主任了，我自认为我是尽职尽责的人，在班级管理上面花的功夫绝不比其他班主任少，甚至我感觉我在班里花的时间比其他人花的时间还要多一些，但是带的班却一直差强人意，这一直让我很有挫败感。听了郑金丛校长的报告后，我深受启发，我在反思我的问题。今天，我想根据郑金丛校长说的十个方面，逐一进行对照，谈谈我做得不好的地方，这是我在以后班主任工作中需要加倍努力的方向。

早。俗话说："早起的鸟儿有虫吃"，在这一点上我给自己打90分。每次都是在学生早读之前就到班里，提醒学生拿出课本读书，其他的活动也基本上能做到提早准备。

靠。这一方面，我给自己打60分。因为有办公室离教室特别近的优势，我课间重点盯靠在班里。我们班的情况正如郑校长所言："你偷懒一刻，会有十刻的麻烦等着你。"但是学生值日、值岗方面我还是靠不上，许多地方对学生的监督指导不够，总是以"自己没有那么多时间"为由而放松了靠上抓。

勤。这一点上我给自己打70分。郑校长说了六勤即：腿勤，脑勤，眼勤，嘴勤，手勤，耳勤。这些我基本上能做到，但是这里面也有不少问题。应该是我勤的方法不对，很多事情能做的都自己做了，做得太多，孩子们没有得到一些相应的锻炼。以后在勤这个问题上，还要多思考，在如何能让"自己勤、学生也勤"上下足功夫。

细。在这方面上我给自己打70分。我能够做到细化要求、细化分工，但是在细化管理上做得还远远不够。虽然给孩子们分了工，但是在管理中还不能做到及时观察指导、反馈评价，这是我管理班级的一个非常薄弱的地方。

严。在这方面我给自己打70分。我是非常相信"严师出高徒"的，所以在数学教学中我一直对孩子们严格要求，在班主任工作中，我对孩子们也严格要求，但是总是把握不好度和火候，没有掌握好"严"的更多教育技巧。我最难受的时候就是批评学生的时候，有时我非常想也非常需要严肃地批评一个孩子，但是反反复复都是那几句话，孩子们现在都那么聪明，认错态度特别好，然后我就会词穷。我一直在向优秀的班主任学习批评教育学生的艺术，但是目前收效甚微。

公。在这方面我给自己打90分。在班里能够做到公平公正，公然公开，公私分明。

威。在这方面我给自己打50分，不及格。现在每每回想一下，我总是感觉在班级管理中力不从心，最主要的原因还是在于刚开始孩子们上一年级的时候没有威震住他们，可能我给孩子们的印象我太好说话了。我相信孩子们应该是比较喜欢我的，但是他们基本上不怎么怕我，这在班级管理中是一个极大的减分项。

恒。在这方面我给自己打70分。在班级管理中，每个新学期，或者推出每一项新的举措，我总是能在早期较短的时间内把控得比较好，那时候是有90分。但是像郑金丛校长所说，"反弹是人的常态，更何况小孩？"在我感觉习惯差不多已经养成之后，就会对这些习惯有所疏忽，不会打持久战，所以各方面反弹现象比较严重。

礼。在这方面我给自己打90分。无论是对学生还是家长，都以礼相待，自我感觉做得还不错。郑老师的话讲得真好——当教师对学生的"礼"有了感情色彩便是"尊重"，其最高境界便是"爱"。爱出爱返，教师的任何付出都有翻倍效应。

正。在这方面我给自己打80分。我认为自己"三观"很正，也一直希望自己能把正确的世界观、人生观、价值观潜移默化地传输给学生，但是在慎独方面我做得还不够。有时候走在校园里，地下有很脏的垃圾，周围没有笤帚，需要用手捡的时候，我内心是嫌弃的，但是只要周围有学生看到，我就会捡起来。因为我知道教师的一举一动都会在学生心中扎根，正如郑金丛老师语——"我们一定要为孩子们埋下充满正气、正能的真善美的种子。"但是，同样是这种情况，如果周围没有人，我可能就不会捡。看来，下一步还需要加强自身修养。

总之，步入教坛前两年中，作为一名班主任，我还不合格。所幸，有郑金丛校长苦口婆心的循循善诱，我对照班主任"传家宝"深刻反思，冷静地找出差距，更有针对性地去补短板、修弱项。接下来我要在多方面下狠功夫、用心经营，使班主任工作更上一层楼。我对自己和我的班充满信心！

——孙蓓

（四）给我启迪，激我斗志

5月13日上午，齐鲁名师郑金丛专家报告会走进我校报告厅。作为兴安一分子，有幸听到精彩万分的报告，真是激动不已、收获满满。

郑老师以自身经历展开讲述内容，大体分为三大部分：理想的课堂、理想的班主任、理想的教师。听完郑老师的故事或者更确切地说是亲身经历，让我觉得做工作要有计划有想法，不管是作为教师自身的专业成长，作为班主任的班级管理，还是高效课堂的构建，都必须有准备、有目的地去做好每一件事。

谁不想长成理想的教师模样。听了郑老师的报告，我的内心越来越明朗。人要有自己的人生规划，人生理想。首先，作为教师，教育是我这一生追求的事业，我要有计划地去走教师成功之路，制定并坚定自己的成长目标，然后向着希望的方向努力奔跑。首屈一指的是要读书，充分的阅读是专业成长的基石。其次，工作中做温暖的人，热爱生活，热爱事业，充满正能量，用自己的热情融入并感染周围的每一个同事。最后，也是最为重要的，带着教育技巧与孩子们相处。我要做孩子的朋友，做一个"授业传道解惑"的知心朋友，发现并放大孩子们身上的闪光点，引导孩子们全面发展，爱运动爱生活，让每一个孩子拥有童年最美好的记忆。

如郑老师所言："让自己的课堂达到理想的境地，是每位教师的魂牵梦绕。"郑老师的课堂带给我们的感受是，孩子对下节课的无限期盼。这说明孩子们多么喜欢郑老师和她的课。对课堂感兴趣，期盼着你来上课，我想这便是最好的课堂模样。有关高效课堂的话题，在之前的培训中也接触过不少，包括布鲁姆分类等。我认为与郑老师描述的课堂看似不同的概念，但都有着相似的内涵，即遵循学生身心规律的基础上，合理地分配时间、用对方法，最最重要的是诱发兴趣，"兴趣是最好的老师"。课堂的积极性的关键就在于如何吊起孩子们的好奇心、求胜欲。

郑老师的课堂把主动权交给了学生，学生就是课堂的主人，一个个都是小老师。作为体育教师，我设想如果每节课请同学来设计游戏环节，我的课堂会不会氛围更好？孩子们会不会回家以后主动设计、主动尝试、主动锻炼，渐渐地便会爱上之前乏味的课堂？比如耐力跑课，我是不是可以让孩子们主动设计一些好的游戏，既可以增加上课的趣味性，又可以培养学生的能力。或许从开学以后我便这样试试——根据课程计划请孩子们自主选择设计某节课的游戏环节，当正式课堂开始时，让学生讲解他设计的游戏，并带领同伴进入到生动的活动之中。我作为老师进行适当的指导，根据需要增减一些内容。这样就会引导孩子们更主动、更热情地锻炼身体技能，不断增强体质。说做便做，我要立马行动起来！

理想的班主任要拥有十字"传家宝"。郑老师在说到班主任管理班级的时候，直接把"早、靠、勤、细、严，公、威、恒、礼、正"这"宝典"分享给我们。我特别有感触的是"勤"字。从班级工作来说，各个方面都要做到"勤"是真的不容易。郑老师把"勤"概括为——勤动脑，班级遇到的一些问题要动脑筋去解决；勤动手，班级的事以身示范，勤编写方案、开展活动、设计奖项等；嘴要勤，"要求到位，标准清楚，适当提醒，不吝夸赞，不耻下问"。还有，"勤"的内涵相当丰富，涵盖了班主任工作的方方面面，包括做个赶早的勤快人，勤督促学生完成各自的本分，勤于和家长沟通等等。其实，在我看来"勤能补拙"这个词是很有意义的。郑老师说每个人都应该在班主任的岗位上经受更多的锻炼、磨炼，只有当过班主任才会有更多的收获，更厚实的教育人生体验。"我想要一个班"应该成为每个老师的心声。此刻我想说——如果我有一个班，我会尽我所能去呵护我的学生，我会倾尽全力管理班级。

一场生动的报告会，给予我启迪，激发我斗志，让我感慨万千。今后我便将我的想法付诸实践，经过五彩斑斓的教育岁月磨砺，我必将会在专业成长中收获无比丰富的教育教学经验！

——王雪琪

（五）理想的模样，奋斗的方向

听了郑金丛校长的报告，最大的感觉是和自己的教育理念非常契合，同时也接触了很多新的教育思想和教育举措，让我觉得打开了新的天地，找到了自己努力奋斗的方向。

"迷恋成长"，是我的教育初心。享受于郑老师报告，我长期以来的人生困惑茅塞顿开。我以前并不想做老师，但是自从有了自己的孩子以后，小宝贝改变了我的想法。我觉得教育自己的孩子，看着小家伙不断长大，是一件非常开心的事。如果能见证更多孩子的成长，那么这份开心将是无穷无尽的。我以前找不到一个合适的词语来形容我的教育初心，当郑校长说出"迷恋成长"这个词的时候，我觉得非常契合，完美地概括了我的心语——原来，我们都是迷恋成长的人。

"高效"，是我的教育目标。我历来坚持"以学生为主体"，把学生看作独立的个体来尊重，老师要以一种谦虚的、平等的姿态来对待学生，不能高高在上，很多时候要以学生为师。由这个理念出发，我也展开了各种教学探索。但在探索的过程中，也存在着很大的问题和困惑。郑老师精准地指出了我的问题所在，即为不够"高效"。以前的教学确实存在着低效、拖沓等问题，追求高效率的课堂观，正是我所缺乏的。这和我办事拖拉、大大咧咧的性格有关。作为老师，就是要不断克服自己的缺点，和学生一起成长，按时"长大"，"高效"成长。

"面向全体"，是我的学生观。我也非常注意在教学中关注学困生。因为我想，假如面对我自己的孩子，如果他的能力相对差一些，发育得晚一些，自制力也不好，我当然会希望老师多关注一些，而不是嫌弃、淡漠或放弃。这是将心比心的一件事。而在实际操作中，由于我是男老师，没有那么细心，加上我比较重视思维的培养和知识的拓展，时常忽略对基础知识的巩固。郑老师提出的"面向全体，因材施教，均衡发展"才是"高精尖"，这给我敲响了警钟。

"学生主体，自主学习"，是我的教学观。我非常注重学生主体，在教师招聘面试的时候就注意这一点，因此获得评委的青睐，考取了教师岗位。而郑老师又让我刷新了对学生自主学习的认识。尊重学习的规律，就是老师帮助学生学习。课堂成了一个活跃的生态循环系统，包括师生互动、生生互动、小组合作探究，更包括各种双向、多向沟通方式。同时，郑老师所讲对老师的要求也让我很走心：学生原本就会的、学生自己能学会的教师不讲，学生帮助学生能解决的教师不讲，教师只讲他们通过自主讨论探究等方式解决不了的，从而来实现教师帮助学生学习。郑老师"大步走还是小步走"的对比与"吃红烧肉"

的有趣比喻，也非常形象地从思想上解决了我的琐碎、低效等问题。

"一勤天下无难事"，是我所缺乏的管理观。作为一个管理学学士，我极为推崇以人为本的管理，喜欢做"甩手掌柜"，再加上我的性格缺陷，比较懒散、懒惰，"以人为本"被错误地当成我疏于管理的挡箭牌。在班级管理中，我确实不如其他一些老师特别是女老师来得勤快、细心。很多东西也确实是自己不懂，在卫生及纪律等方面做得不够扎实。今后定是要勤思考、找方法、寻规律、摸门道。在班级管理上，我还有很长一段路要走。

"理论与实践相结合"，是通向成功的密钥。看到郑校长的状态和教学经历，我深深感到，只有将理论和实践相结合，才能走向成功。只讲理论不实践，是纸上谈兵；只埋头苦干不总结提升，经常会做无用功。只有不断地回顾、反思，及时总结教育教学规律，并与实践密切对接，才是通往成功抵达远方的道路。多看一些书，让自己丰富起来。只有勤思考、善提炼，努力形成自己的一套理论系统、行动准则，并在实践中反复验证和升华，才能切实解决教育教学中的实际问题，打开一片碧蓝的教育天空。

希望我能成长为我心目中理想的模样，郑老师就是我身边的最理想的榜样。朝着既定的方向，舍命狂奔吧！

——高文广

教育的直接目标是指向孩子一生的幸福。换个角度说，教师教育的直接目标是指向教师一生的幸福。

就用我这场报告的结语作为这篇文章的结尾吧——

老师们，"科学求真，医学求善，艺术求美"，而我们的教育是将真善美完美结合的事业。我们和学生共同在五彩岁月中享受成长，在迷人的成长中扮靓五彩岁月。爱满田园，根深苗壮；与爱同行，快乐成长。愿我们在教书育人的万里沃野，让自己——长成理想的模样！

8

结伴行远

"独行者步疾，结伴者行远。"前者的"步疾"是短暂的，而后者的"行远"是久长的。基于上述理念，2019 年 11 月 14 日，广饶县英才中学"青年教师专业成长共同体"和"青年班主任专业成长共同体"同时成立。从此，在团队协作互补、携手共赢共进的节奏中，31 位青年教师在专业成长的道路上，迈出了更加坚实而又坚定的步伐。

我作为"共同体"项目主管，由于是主动请缨，所以会格外卖力，力量由心而生，脚步也变得轻盈。无比充实的日子就是无比幸福的日子。开启实施"四三二"工程——专业论坛、学本课堂、读书沙龙、专业写作"四条途径"，专业知识、专业技能、专业情怀"三项内容"，青蓝工程、培优工程"两大工程"，带着一群朝气蓬勃的年轻人向着教育理想奋力奔跑。

"您身上发出的光与亮照亮全校的老师与学生，我也想让自己身上发出光与亮，照亮我的学生。""那天听了您的报告后，真是如饮甘霖，我太需要这样的干货了，而您恰恰无私给我了。"……这是青年教师与我私聊的文字。我定是不会吝啬由衷的夸赞和动情的回音："你是咱们英才的骄傲，每当看到你的工作状态，我就欢喜。""只有用心、用情来聆听和感受，并投入教育教学实践，才会呈现出你这般忘我的工作状态和用心灵书写的文字，感动自己方能感动别人！"

还是让我们把目光移向这些热情似火的青年教师，来欣赏他们"拼出来的精彩"，之豪言壮语，之阵痛蝶变，之开心旅程——这是他们用浓墨喷绘的"红日初升"，这是他们用心弦弹奏的"高山流水"。

（一）惊醒于今，惊喜于此

今天，郑金丛副校长在我校"青年教师及班主任专业成长共同体"活动中，为我们作了《教育文章的"颜值"从哪里来》专题报告，旨在指导帮助我们青年教师通过写教育专业文章的方式来独立思考、升华认知、提升能力、加速成长。

她似灯塔，迷失中帮我找到前行的方向。郑校长一直是我所仰慕的优秀女性，她的著作及之前为我们做的好几场报告都曾深深地启发并影响我，但一直感觉她像一座山，是我可望却不可及的。听了今天的这个报告之后，我突然感觉她变成了一座灯塔，即将指引我走上一条先前从未想过的写作之路。在这次报告中，郑校长从"教师为什么要写专业文章""教师应写什么类型的专业文章""提升文章颜值的四个技巧"三个方面对我们进行了指导，使我对"为什么写、写什么、怎么写"有了一个清晰的认识，我当时便产生了一种跃跃欲试地去写点什么的愉悦心情。

她是益友，踟蹰中帮我鼓起前行的勇气。我以前的认知是：作家才能写出文章，语文老师才能写出文章，因为在文字的输出之前必先有大量文字输入的积累才行，没有大量阅读做功底的人是很难写出行云流水般让人折服的文章的，所以我一直不敢动手写，当然，自身的懒惰才是更重要的一个原因。郑校长在报告的"提升文章颜值的四个技巧"之"彰显文章的灵性"部分说："要写出真实的自己，真实的你别人无可替代，写好你自己就是标新立异的创新，就是光芒四射的灵气。不要到处去找传说，你和你的学生就是最动人的传说。"我每天面对百十个性格各异、志趣不同的孩子，几乎每天都有或大或小的故事发生，走进孩子们的内心深处，我发现每个孩子都是一部生动的故事集，如果我从工作之始便能够受到郑校长的启发，养成用笔记录的习惯，估计笔记本得厚厚的一大摞了。迟做总比不做好，从今天开始，我要提笔记录自己那灵光一闪的思想火花，记录孩子们成长过程中的喜怒哀乐。

她是良师，止步时帮我注入向上的力量。郑校长在报告中还提到："一个不善于写作，不注重积累的老师，即使眼下的工作做得再好，也没有更加辽阔的未来，他将很可能止步于教书匠的水准。"于我来说，这是醍醐灌顶之言。我每日里洋洋自得于自己有效的班级管理，觉得有了"健康、快乐、向善、向上"的教育理念，能为孩子们创造出温馨和谐的学习环境，能走进每一个孩子的内心深处，及时了解到他们的思想动向，能与家长们有效沟通且得到家长们对我工作的认可与支持……我的自满使我的工作已经止步于此，而我却不自知。每日里都洋洋自得于孩子们积极向上成长的力量，而全然忘却了自己的成长。惭愧汗颜，幡然醒悟。

惊醒于今，惊喜于此。从今天开始，我要拿起笔，学会及时梳理自己教育教学工作中的优点与不足，在总结经验反思得失中提升自己教书育人的素养和本领，用文字来形成和传播自己的教育理念。

期望在写作中迷恋上成长，在成长中感悟出生命的真谛，在感悟中享受到教育的意义及作为一名教育者的幸福。愿写作能帮我拓展生命的厚度与宽度，带给我不一样的人生精彩。

——隋丽萍

（二）这是一场巨变

作为一名英才中学的年轻教师，我无疑是幸运的。作为老师，我陪伴着孩子们成长；作为学生，我也有陪伴我成长的"引路人"和一群优秀的"小伙伴"。所以，我想用电影《老师·好》中的一句话表达我的参训感受："我不是在最好的时光遇见了你们，而是因为遇见了你们，我才有了这段美好的时光。"

初感：排斥、退缩

最初参加青年教师专业成长共同体，我是有些排斥的，感觉自己就是一只被赶上架的鸭子。在工作岗位上已经走了 10 个年头的我一直认为好好备课、好好上课、对得起教过的孩子们和家长就够了。一些所谓的培训，花架子而已，无非是听听报告、走走流程，浪费时间不说还增加了很多额外的任务，对于教数学的我来说，想想就头大。也就是在这样的状态下，我只是碍于面子报名，心不甘、情不愿地加入了这个青年教师专业成长共同体，并时常有退缩的念头在头脑里打转。

接触：这个共同体"有点儿料"

对一件事情有改观，往往从对一个相关人的认识有改观开始。"共同体"第二次活动，郑校长做报告《在积淀中迷恋成长》，"有意思，好厉害，无愧齐鲁名师，称得上'专家'"。这是我在听报告的过程中的第一想法，虽然跟郑校长早有接触，听过郑校长评其他同事的课，当然也被评过自己的课，那时对郑校长的看法是"好犀利"，我的心里很有压力也很紧张。在报告中，听到的是郑校长从教的经历、写过的文章、灵感的由来，她是真的想把自己的经验教给我们，而我也有了一个小小的憧憬：如果我也能拥有像郑校长这样的经验积淀该多好……

接下来的活动，听李珂老师一节市优质课《集体生活成就我》，虽然是道德与法治课，听课后跨学科评。此时的我正对磨课很感兴趣，也偶尔帮其他老师一起做教学设计，于是我就从自己的理解发表观点

"如果这节课我来设计，我认为导入的视频处理可以多加入几个情境串联起本节课的几个知识点……"虽然并不是自己熟悉的数学课，但教学设计却是相通的，教育规律是一致的，跨学科评课可以很好地拓展思路。——这种方式，有意思！

再然后，读书分享，专业论坛，我的想法也慢慢改变了。好吧，这个"共同体"还是蛮有意思的。我被"有料"的感觉慢慢吸引。

细品：原来这是一场"巨变"

一件事情对人的影响有时候就是潜移默化、悄无声息。

我还算好学，但不是一个爱读书的人。"共同体"组织读书沙龙，让我这个不爱读书的人不得不拿起书来，要不怎么完成读后感呢？对于寒假安排的读《静悄悄的革命》这一任务，我本以为我会像以前一样选择题目中感兴趣的内容看一眼，再搜索一下搞定，但是事实上却没有，我居然从头读到了尾！不仅如此，对于书中引起共鸣、感觉特别棒的地方我还做了批注！天呐，我自己都觉得不可思议。

我感情丰富，但不是一个爱动笔记录情感的人。不管生活中还是工作中，我也经常会有感慨，这种感觉或者反思大多一闪而过，从来没有想法用笔去记录这些点滴。也就是在上周，听了郑校长的报告《教育文章的"颜值"从哪里来》，那些埋在心里的想法居然开始蠢蠢欲动了，我想拿起笔把它们写下来，记录我和学生的相处，记录我的工作得失……不仅如此，提起笔来，我还会考虑怎么能把自己的文章写得有"颜值"。

原来，影响早已深入我心，"巨变"已经发生，只不过自己还"身在此山中"，没有发现而已……

冲动：保持热情，驶向目标

路是一步一个脚印走出来的，或许对于不同起点的人来说，步子的大小和频率不一样，但通往成功的道路上，你必须勇敢地迈出第一步。

对于参加"共同体"的所有年轻教师来说，郑校长就像是给我们引路的"灯塔"，而我们就是刚刚驶离码头的小船，向着灯塔的方向开始航行。渡过了出发时的迷茫，前路一定越来越明亮，虽然一路会经历不少风浪，但我们彼此为伴，不怕任何艰难险阻。

我已经迈出了第一步，接下来的小目标就是，希望自己能够珍惜当下的初心，不管教学上还是写文章方面，都能向着郑校长提出的要求加倍努力，先合格再优秀。保持住现在的热情，给有冲劲的自己，加油，加油！

——姚艳

（三）成长是一种美丽的疼痛

曾经读过这样一句话：成长是一种美丽的疼痛！刚读到这句话的时候还处于懵懵懂懂的年纪，不知道这句话的内涵是什么。那时候的自己每天无忧无虑，最盼望的事情就是长大，觉得长大就有了特权，可以不用再被家长约束；觉得长大了就可以不再上学，可以不用再"书山有径、学海无涯"。所以觉得成长就是一件让人期待的事情，只有美丽，怎么会疼痛？

但是随着年龄的增长，慢慢地对这句话有了不同的理解。从幼儿园到小学，从中考到高考，从考研到就业，每经历一次抉择，内心总有一种选择的痛楚，终于长大了，终于可以自己做决定了，终于可以不被家人约束了，但是内心总有说不出的感觉，这不就是美丽的疼痛吗？就业后终于可以不再面对选择，终于可以按部就班，但是总觉得缺点什么，但又不知道缺憾在哪里。

直到学校决定成立成长"共同体"，心里还是有种感觉无法用语言表达。就觉得怎么又得学习，怎么又得有那么多的事情，甚至有些心烦意乱。当看到郑校长发的一系列活动安排后，又觉得路漫漫其修远兮，怀疑那么多任务到底何时才能完成。但是当大家坐在一块，共同读一本书、共同听郑校长的报告、共同写专业论文、共同进行研讨的时候，觉得在一块学习的我们又回到了青葱岁月。与伙伴们一起学习、一起讨论、一起获得某种程度的成长，觉得这种感觉真的很美好。虽然读书耗时、写论文费力、各种任务烦琐甚至理不清头绪，但是当读完一本书、写完一篇专业文章，参加完一次活动后，心里特别踏实。

　　每次欣赏"共同体"为我们建立的"迷人的成长"个人档案，看到自己积累的一项项"劳动成果"，都会觉得好满足，真的体会到辛苦并快乐的感觉。听郑校长的报告，看到郑校长写的一篇篇的文章，看到已经成为齐鲁名师的郑校长还在为学校、为教师的发展而努力，作为青年教师的自己怎么能觉得自己已经长大了？又怎么能因为自己的一点点小收获而沾沾自喜呢？成长真的不是一蹴而就的，成长也更是没有终止的！感谢成长"共同体"，让大家有一个平台用以驰骋、起飞，一直为了自己更加美好的未来而奋斗，更是为了孩子的未来，为了教育的未来。是"共同体"带领大家经过各种学习而有机会破茧成蝶，成就自己、成就团队、成就事业！

　　感谢青年教师专业成长"共同体"，让我和大家可以一直成长！

——杨晶

（四）沉淀·锤炼·升华

　　郑校长曾说：时常被职业的幸福感所包围。而我，除了职业的幸福感，还常常被陶醉，被感动——来自青年教师专业成长"共同体"的成长感受。2019年第二学期，在郑校长这位名师的带领下，在各位校领导的支持下成立了"共同体"，我有幸成为其中一员。"共同体"

间周组织一次活动，读书沙龙、专业写作、专业论坛、高效课堂等，每次都让我满载而归！

在专业阅读中沉淀自己。"积淀，可以让我们从闪光走向厚重。"郑校长曾这样说，而读书就是我们积淀的一个载体，一个桥梁，读书能不断地充实我们的头脑，提升我们的思想，能让我们摆脱"坐吃山空""无物可教""书到用时方恨少"的尴尬境地。读了"共同体"赠送的《给教师的建议》《静悄悄的革命》两本书，结合自己的工作，更是坚信，要坚持不懈地读书，吸收教育名家的思想，提高自己的教育教学水平。

在课堂打磨中锤炼自己。郑校长《在积淀中迷恋成长》的报告会上提出两个核心的课堂理念，其中一条是：追求"大步走、放开手、深探究、高效率"的课堂；反对"小步走、碎问题、浅思维、低效率"的课堂。为此，郑校长给我们对比了两个课例片段，生动形象，使我恍然大悟——我平常以为的"一步一个脚印""稳步走"，其实是一种低效的典型表现。高效课堂是每个老师的目标，为了指导帮助青年教师快速成长，郑校长百忙之中听课、评课，她独特的视角，细微的观察，每次带给我们一种别样厚重的评课体验。在名师的理论指导和我们的反复实践下，相信成长的速度会越来越快！

在教育写作中升华自己。作为一名数学老师，对于"写作"真的是不拿手，甚至连"教育随笔""教学心得""教学反思"也区分得不是很明白。郑校长的一场《教育文章的"颜值"从哪里来》专题报告就像一场及时雨，从为什么写（写作动机）、写什么（内容与类型）、怎么写（写作技巧）三个方面让我明白得心服口服，特别是第三部分提升文章"颜值"的四技巧：规范文章的文面，拟定文章的题目，搭建文章的结构，彰显文章的灵性——讲得太通透了！虽然实践起来暂时还有点难度，但这场报告给我拨开了迷雾，点明了方向。我产生了强烈的写作意愿，哪怕这种磨炼再难，我也一定要战胜它，直到尝到甜头——哪怕是郑校长冰山一角的甜头，对我来说也具有强大的吸引力。写出独一无二的自己，升华无限潜力的自己，我必将努力再努力！

要想提高自己，成长为专业化教师，必须要走这样一条路：勤于向名师学习，勇于实践反思，不断总结经验教训。只做不思会迷茫困惑，成为机械的匠人；只思不做会成为行动的矮子，思想再闪光也站不住脚。有幸，遇见了郑校长这样的名师引领着我们，有幸，遇见了一群伙伴相扶相持牵手成长。

——蔡全平

（五）专业培训，将成就专业的我

我给自己的定义一向是比较随性，自我提高的意识不是很强烈。有一份稳定的工作，业务水平也还可以，就这样一生也很惬意。没想到 2019 年下半年由郑金丛副校长任项目主管的青年教师专业成长共同体培训，彻底改变了我的生活和工作节奏，为我的以后的成长之路打开了新的视野！本次培训已经将近一年，内容涉及课堂教学、专业读书、专业写作等，可谓是全面周到。

听课，打开了我讲课的新视野。跨学科听课让我学会了从不同的角度，用不同的思维去思考、组织并实施教学。通过听李珂的课，我知道了，课原来可以上得有文艺范儿而又有大格局。她的课堂不像是上课，倒像是在听故事，让人身临其境，听得津津有味。在我随后的教学中我也做了很多尝试：通过讲马六甲海峡事件升华学生的爱国情操；通过让学生搭建立体地形图发掘地理学科的更多魅力……渐渐地我发现，地理课原来可以上得这么有意思，学生也越来越爱上地理，我也喜欢上了钻研我的专业，让每一堂家常课变得更加丰满。

读书，打开了我育人的新视野。刚毕业那年，我曾经跟副校长说过一句自以为很经典的话："我人都没生过，怎么会育人"，现在想想那时的我是多么愚蠢又可笑；我也曾经让学生怼得哑口无言；面对不太听话的学生，除了大白话唠唠叨叨，竟无计可施。加入"共同体"以来，我手里多了两本书，一本是《给教师的建议》，一本是《静悄悄的革命》。这两本书从专业的角度教会了我一些育人的方法，从此我的话不再像白开水一样没有味道，而是变成一杯清茶，我也从一个单纯的教书匠渐渐地变成一位真正的教师。

写作，打开了我写专业文章的新视野。在培训之前，我也写过教学案例，也写过教育论文，但是对什么是教学案例，什么是论文真的是一知半解，也只能是照葫芦画瓢。上一周郑金丛副校长就如何写专业的文章给我们进行了专门的培训，涉及文面、文题、结构等各个方面。通过培训，我才发现我之前写的那些东西充其量是随笔，专业性很差。这次培训，就像是为我日后撰写的文章插上了翅膀，安上了导航，让我今后的专业写作之路有了方向！

青年教师专业成长共同体，一个专业的培训团队，必将成就一个专业的我！以后的我会用更专业的态度投入到教育事业当中去！

——于春青

（六）学做 "五心" 教育写作人

2020年青年教师成长共同体的第二期活动"专业文章写作培训"终于到来！工作六年来，教育写作一直是我的"短板"，又苦于无人指点，所以对于郑校长的这次写作培训期待已久，就像干渴了几个季节的草木终于盼来甘霖！

郑校长的报告，单是看到题目便是给人耳目一新、灵动有韵味之感——教育文章的"颜值"从哪里来？细听报告内容，更是逻辑清晰、深入浅出地送出了满满的"干货"。听报告的过程中，我细心地拍下每一张幻灯片的内容，生怕错过每个细节，以便回去再细细咂摸。听的同时，看到讲台上讲起写作"功力十足"的郑校长，我又在想，是什么力量成就了台上这位"高产"教育写作专家，是什么魔力让郑校长今天依然笔耕不辍，常有作品？

报告后我仔细研读了郑校长报告中提到的一部分作品，从中找到了些许做一个"高产"教育写作人的"密码"。

一是留心观察。品读郑校长的教育作品后发现，其文章内容大多来源于自己的课堂发现，来源于与学生的交往，来源于管理工作的点滴，来源于听评课，来源于生活……比如郑校长曾经写过一篇题为《家校书，心事忧忧"小饭桌"》，她能够关注到班里那些放学后去往"小饭桌"的孩子，从而把目光聚焦到校外的"小饭桌"，以此与家长沟通解心忧。校园内外，课堂上下，师生之间，同事之间每天都有无数的故事在发生，我想之所以自己没有写出那么多文字，首先还是少了这颗观察之心。"仁慈的上帝赐给我们两耳和双眼，为的是世上发生的一切，我们应该耳闻目见。"接下来的每一天，都应该成为我们留心观察，充满发现的每一天。

二是细心思考。歌德曾说"谁没有用脑子去思考，到头来他除了感觉之外将一无所有。"听过郑校长的报告，读过郑校长的文章后，对这句话深以为然。郑校长在报告中提到自己的一篇文章《助人成长，还是自我犒赏？》并特意提到我的名字，说这篇文章是她在参加我们学科集体教研时有感而发写成。我自惭形秽，因为那次活动我与郑校长一同参加，对她在文中提到的问题，当时我也感触很深，但其实到今天也只是"除了感觉之外一无所有了"，而善于思考的郑校长从中发现了问题，思考出了一篇文章，活动参加出了新境界。受此启发，我想，接下来的每一天，也应该成为细心思考着的每一天。

三是耐心积累。郑校长在报告中教我们怎样才能写出"颜值高"

的文章时，从文章的题目、逻辑结构、语言表达等方面进行了详尽的指导。同时她也展示出了自己一些作品的题目或是内容的摘选。在我纳闷为什么她的题目或者文章内容能够信手拈来还韵味十足时，郑校长的一番解读为我解了谜。于漪、李镇西、窦桂梅、薛瑞萍、魏书生这些教育家的作品郑校长如数家珍；春秋的孔夫子、现当代名家陶行知等人作品她常常涉猎；《人民教育》《山东教育》《中国德育》等期刊及公众号是她的精神食粮；"学习强国"也成为郑校长学习的宝贵资源库……广泛的阅读为郑校长的思考及写作提供了素材，润色了文章，厚重了底蕴。而能做到这些，我想离不开每时每刻的耐心积累。"九层之台，起于累土。"于我，接下来的每一天都应该成为广涉猎、多读书、读好书、点点滴滴要积累的每一天。

四是潜心专研。郑校长在培训中提到自己的教育观念：教育是一种智慧的修行。一场培训，郑校长在教给大家如何写作的同时，也全方位向我们展示出了自己这些年的研究成果：关于学校管理、关于课堂、关于学生，关于教育的方方面面。这样的成果在我看来，离不开郑校长对点滴所见的思考与探究。发现了问题，潜心探究出解决问题的策略，不正是一次次闪耀着智慧光芒的教育实践吗？当我们也在工作和生活中，带上一颗深入探究之心，何尝不能有所成果呢？这样，我们也是在进行教育智慧的修行了吧！我想，接下来的每一天，也应该成为潜心专研着的每一天。

五是静心写作。提到写作，曾几何时，自己也喜爱文字，也曾有过"写作梦"，畅想着未来有一天电脑里存满自己的作品。如今说来惭愧，电脑里只是孤零零地躺着一些为了评选而上交的作品，还有关于自己孩子的几篇成长记录。借写此文之机，深刻反思自己，应是"懒"字当头。在工作中，在生活中，我也常常发现，也有些许的思考，更有过要写下来的冲动，后来都被一个借口"忙"字冲走，出现了"写作一直在想，写作永远只在想"的结果。要说忙，真的能比得上郑校长忙？与郑校长互为微信好友已有一年多，最爱翻阅郑校长的朋友圈，因为郑校长的朋友圈里多感悟，多原创。每一篇分享文章后都在用自己的文字记录着真实感想，图片也常常配上自己创作的小诗或文字片段。郑校长朋友圈中时时都在用文字歌唱着对工作的热爱，对生活的宠爱。这，都是郑校长在写作。我想，这样写作的时间，我也有！郑校长常常在多个场合提到许多教师的"遗憾"，那便是等到自己退休之时，回头看看自己走过的路，除了留在心中的记忆，文字的留存寥寥无几。这不仅仅是在诉说遗憾，我把这看作是郑校长对年轻教师的告诫。多年以后，我不要有这样的遗憾。我愿像郑校长一样，常常用文字记录点滴，滴水成河，常有作品。以自身写作反思自我，总结经验，锤炼思维，应用实践。若有幸，更要像郑校长那样，以作品影响他人，做个教育"筑梦人"。从此刻起，记录工作与生活的点滴……

此时，已迫不及待配齐"五心"，跟郑校长学写作……

——李珂

读罢青年教师用真情写就的文字，我再次回扣"共同体"的工作目标：

1. 构建教师成长的阶梯，搭建教师展示的舞台，完善教师的专业结构。

2. 建立学校指向发展的动态评价体系，强调自我诊断、自我反思，培养学科教学与班级管理的骨干、优师。

3. 通过以上两条，从关注生命价值、张扬生命个性、实现生命意义的角度，在促进教师发展的同时，引领学生的个性发展，提升教育教学质量，促进学校特色发展，实现教师、学生、学校、社会的多赢。

我又一次感到自己肩上的担子异常沉重——改变青年教师的行走方式，由"独步行走"到"结伴行远"，我做到了吗？只能说我是在兢兢业业、信心满怀地做而已；带领他们在"各美其美，美美与共"中，打开自主成长的另一扇窗，窗口中的风景还应更加迷人，走过冬春夏，会有枝头满满的秋的，我期待，我更努力；他们在工作与生活中幸福行走，在育己与育人中快乐成长，"博观而约取，厚积而薄发"，不久的将来会实现的。

在不凡的 2020 年，青年教师们也取得了不凡的业绩：5 位青年教师荣获东营市教学能手或东营市青年骨干教师称号，3 位青年教师荣获广饶县教学工作先进个人称号，11 位青年教师执教市县级优质课及公开课，23 位青年教师在市县级课程开发、论文案例评选中荣获一、二等奖。这花开的声音令人心醉，这拔节的声音令人欣狂！

9

迷恋你的成长
——致"共同体"的小伙伴们

你听，新年的脚步近了，这是对你成长新的呼唤！

"今天阳光真好！我想我听到了自己的灵魂在拔节，你呢？但是，不许告诉我，你比我拔得快，拔得高！"——这是我最近在网络上读到的语言，感觉特别应景。而我最想说的是："好想听到你告诉我，你比我拔得更快，拔得更高，灵魂拔节的声音更欢！"

冬月的风夹杂刺骨寒意，却吹不散我们心中的火焰。12月23日，"点赞成长"专业发展分享会隆重举行；12月24日，"我的治班方略"专业论坛精彩举办。许多的话想对年轻的伙伴们说，相聚的时间却总是显得短暂——搭个舞台，只因我坚信你是最优秀的舞者，动感之美与力量之巨同在；至于我，最喜欢陶醉于幕后沁心式的含笑和台下海豹式的鼓掌。

回首广饶县英才中学青年教师专业成长共同体和青年班主任专业成长共同体于2019年11月14日同时成立，短短13个月多一点，有校长、专家的陪伴，与一群青年人牵手前行，其间的蹒跚、艰辛、苦累和挣扎自不必说，但更多的是充盈、富足、自豪和欢乐。

凝望我们的"共同体"，作为项目主管，我真切体会到了"促进成长－欣赏成长－迷恋成长"螺旋攀升的多彩历程。

促进成长

"教师每天只做一件事，那就是成长和成长的促进。"这不是哲人名家的箴言警句，而是我的心语独白。自从与"共同体"结缘的第一天，我追求的都是——将照耀成长的阳光公平地撒向每一位年轻的你。一如你普照你的每一个学生，无论他正拔节孕穗、含苞待放，还是未曾破土不肯睁开觉醒的双眼。

读稻盛和夫，常常会经受灵魂的拷问和洗礼。他说：自己一生就为"走的时候比来的时候灵魂高尚一点点！"当这样的文字敲击良知，难道不是一次次灵魂的涤荡和修炼？

作为教师，我们肩负双重使命，教人聪慧，教人高尚。作为青年教师的引领者，我也肩负双重使命，提升你们的专业技能，涵养你们的专业情怀。

于是，在神圣的教育舞台，在每一寸珍贵的光阴中，在组织每一项教育教学教研活动时，我梦寐以求的都是，通过一个课堂，一个培训，一个项目，让每一个人走的时候比来的时候——

更聪慧一点，

更高尚一点。

更厚重一点，

更通透一点。

更生动一点，

更明亮一点。

担当更多一点，

坚守更多一点。

沉淀更多一点，

锐气更多一点。

激情更多一点，

光芒更多一点。

……

无论面对孩子们的课堂，还是"共同体"的团队，我每天日思夜想的都是，我将尽我所能，我将不遗余力，用智慧、心血、热情和创造，促进更多的人高效成长。

促进成长，促进并心疼——你是这般忙碌，让我于心何忍？

欣赏成长

"脸上挂着微笑，心中满含热泪。"这是我两天来参加"共同体"活动的真情写照。

许多年前，我就发表过这样的感慨：教师是最有快乐资本的人，因为我们每天都在看成长，看学生成长，看自己成长，看同伴成长，看学校成长。如同粮农看到春天的麦田，菜农看到夏天的菜园，果农看到秋天的果林。看成长是多么幸福的事情！

眼下，我过了一把"看成长"的瘾头，淋漓尽致地欣赏到了青年教师、青年班主任的成长。

主持人的成长令人眼前大亮。两项活动的主持人是如此让人省心，如此特色彰显，如此提亮出彩。从"共同体"的第一次读书沙龙，主持人从年龄小的开始，就已成为"规矩"，到目前已有12位主持人闪亮登场。主持要承担的任务是繁重的：制定活动方案、起稿主持串词、组织活动抽签、撰写活动报道，有时不知要反复修改多少遍。一眼望去，发觉这是一种"横向比较"之下的成长，更标志着团队的整体成长。从开始的青涩到如今的老练，从之前的单薄到如今的厚重，愈加流畅，愈加派头十足。更令人称道的是，主持语随机生成、引经据典、妙语连珠，有的还诗兴大发、佳句频出。

每一位"共同体"小伙伴的成长让我心生喝彩。第一，你们在专业写作的道路上迈出了可喜的一大步。大家呈现的文稿，大部分能做到文面规范、讲究拟题技巧，文章结构清晰合理，有的还能做到用"内容美、逻辑美、句式美"的标准来拟写小标题。第二，你们表达流畅、落落大方，有许多青年教师、班主任脱稿演讲、高潮迭起，令会场掌声不断。第三，你们注重学习、反思和总结，许多人形成了自己独特的教育教学思想、理念和风格。第四，你们的专业能力大步提高，在课堂教学、班级管理、教育技巧等诸方面多有长进。第五，你们的专业情怀得到更好涵养，爱心、责任心、担当意识日益增强，综合素养在不知不觉中悄然提升。还有，你们开始喜欢静下心来读书，沉下心来研究课标、教材和学生，潜下心来探索解决问题的路径，并努力实现与家长更顺畅更有效的沟通。成长在你身上正悄然发生。

更有四位教师兼顾两个"共同体"的培训活动，实现了双倍的成长。多赢的策略、双重的付出，更坚定更豪迈地奔跑，必然赢得更丰硕更香甜的果实。

"共同体"团队的成长叫人欢欣鼓舞。你们的演讲中，已数不清提到多少个熟悉、亲切而又闪亮的名字。同伴是你的榜样，同伴的光芒正照射过来，同伴的力量正传递过来，同伴的温暖正拥抱过来。这便是我们追求的"比学赶帮超"的"共同体"，大家不断在挑战中超越，在比拼中抱团；这便是我们理想的"各美其美、美美与共"的"共同体"，大家彼此助力，结伴行远。

欣赏成长，欣赏并感动——无数次被演讲中的人、被故事中的人感动得难以言表，与你一起在泪水中让心灵起航，让梦想放飞。

迷恋成长

如果说"教育学就是迷恋他人成长的学问"，那么"教育就是迷恋他人成长的事业"，这是每个教育人应有的理想。但现实与理想的距离往往令人感受残酷，每个人面对"成长"想说"迷恋"真的很不容易。

感谢"共同体"带领我走上了"迷恋成长"之路。——迷恋年轻教师的成长，迷恋学生的成长。双重迷恋，必然双重吸引、双重责任与担当，也双重收获与欢乐。

既是迷恋，是苦亦乐。既然心已着迷，必然会将面临的"磕碰"、自身的惰性、开拓的艰辛一一排解。因为我深懂，迷恋你的成长，不仅要欢乐地迎接那些让我惊喜的欣慰的，还要平静地接受那些让我着急的乃至生气的，它们共同构成了你成长的过程。当心志已坚，便义无反顾，我愿意去悦纳这所有的一切，并且把它当作一种乐趣，是苦中作乐，甚至乐不思蜀！

你们就是蓝图，你们就是春天，你们就是远方。当我读到你的文字记录着成长的足迹，当我听到你的故事讲述着思想的涟漪，当我看到你的身影洋溢着青春的气息，我的眼睛里就是这个词——迷恋。

你是否也有过这样的感受：心里有一团火，眼前有一束光，脚下有一股风。恭喜，点赞，这便是迷恋成长的节奏。

迷恋成长，迷恋并欢喜——是什么让我力由心生、乐而不返？是对你的成长深深的迷恋。

"情长纸短"。最后只想说——当来日哪怕没有了旁人的促进，你已是不用扬鞭自奋蹄的那匹骏马；无论是否有人欣赏，你都是开在早春的那朵鲜花；任凭时光冷暖、风雨四季，教育生涯酸与甜，你始终是固守成长定律、迷恋生命彼岸的那只金蝉、那根翠竹！

你听，新年的脚步近了，这是对你成长新的呼唤！

于 2020 年 12 月 25 日

10

成长是天赐的生命恩典

成长是天赐的生命恩典

如同婴孩学语一字艰难

可就在喊出妈妈的那个瞬间

笑由心出

咿呀呼喊

这定是人世间最动听的语言

成长是一种美丽的痛感

如同小鹰被折断翅膀推进深渊

为了双翼骨骼的新生

战胜剧痛

万次磨炼

方得威武勇猛翱翔蓝天

成长是人生责任担于双肩

一肩托起自己梦想的摇篮

一肩挑着娃娃和家国的明天

播种心田

修剪浇灌

收获中咀嚼出伟大都出自平凡

成长是团队拔节的狂欢

根须数百平米的幼竹

经历了一千多日夜的延展修炼

疯狂生长

你追我赶

向上向高是伙伴的喝彩更是自己的心愿

成长是一辈子的迷恋

迷恋你的神奇

迷恋你的斑斓

风雨兼程

流连不返

爱上你只因为欢乐有个别名叫做登攀

——于 2021 年 7 月